이 책은 속량의 은혜를 받고
33년간 목회한 은혜의 보물 창고이다

속량의 은혜를 받고

속량의 은혜를 받고

발행 2021년 11월 13일

지은이 임준식
발행인 윤상문
디자인 박진경, 전지혜
발행처 킹덤북스
등록 제2009-29호(2009년 10월 19일)
주소 경기도 용인시 기흥구 동백동 622-2
문의 전화 031-275-0196 팩스 031-275-0296

ISBN 979-11-5886-226-8 03230

Copyright ⓒ 2021 임준식
이 책은 저작권법에 따라 보호받는 저작물이므로 무단전재와 복제를 금지하며,
이 책의 내용의 전부 또는 일부를 이용하려면 반드시 저작권자와 킹덤북스의
서면 동의를 받아야 합니다.

※ 잘못된 책은 구입하신 곳에서 교환하여 드립니다.
※ 책 가격은 표지 뒷면에 있습니다.

킹덤북스(Kingdom Books)는 문서사역을 통해 하나님의 나라를 확장하고,
한국 교회와 세계 교회를 섬기고자 설립된 출판사입니다.

임준식 지음

속량의
은혜를
받 고

킹덤북스
Kingdom Books

축시

고 훈 목사
안산제일교회 원로 목사

뒤돌아본 은총의 세월
내다본 세월 마라나타
아멘 주 예수여 어서 오시옵소서

기도의 동산 깊은 곳에
생수의 샘을 파고 길러낸
말씀으로 강단이 되어 천천을 이룬
착하고 충성스런 목자 있어
거룩한 교회여

가난해도 나눔으로 부요하고
함께 울고 웃는 아픔으로 은혜롭고
뿔 없고 할큄 없는 양무리들 있어 복 받은 교회여

오늘은 에벤에셀 임마누엘 여호와이레
주님께 감사하고 다시 일어나
돌아오지 않는 선교의 길을 개척하십시오

그때
병든 자는 와서 치유를 받고
가난한 자는 와서 부요를 얻고
부요한 자는 와서 청빈을 배우고
죄 있는 자는 와서 구원을 얻을 것입니다

이곳은
만민이 기도하고 만민을 기도할 거룩한 성전
만민이 구원받고 만민을 구원할 세상의 방주
만민이 사랑받고 만민을 사랑할 아버지의 집

지금은
학개 시대처럼 자기 집에 빠르고
요엘 시대처럼 제사장들은 울고
백성은 희락이 말라버리고
삼손 시대 같이 능력의 머리털은 잘리고
두 눈은 빼임당하고
십자가 질 어깨는 빛 잃고 맛 잃은 소금이 되어
제자리걸음하고 있는 광야 교회 시대입니다.

목양교회여
주님처럼 십자가 지고 성루에 올라
한국 교회를 깨우는 나팔
열방을 살리는 선교의 나팔을 부르십시오

축사

오세철 목사
개봉교회 원로 목사

　교회가 없다면 인간의 미래도 없습니다. 하나님의 섭리가 없이는 교회가 탄생될 수 없습니다. 그러므로 임준식 목사님의 지난 40여 년간의 목회 여정 역시 우연한 사건이 아니라 말할 수 없는 하나님의 축복이라 생각됩니다.

　구원받지 못한 세상 사람들은 육신으로, 영적으로 두 번 죽어야 하지만, 구원받은 그리스도인은 육신적으로 한 번 죽지만 영은 죽지 않고 주님과 함께 부활해서 주님과 함께 영원히 살게 됩니다. 영적 눈을 뜨게 하는 막중한 교회의 사명을 깨닫고 이때까지 목양의 길을 걸어오신 임준식 목사님의 간증과 열매가 이 책에 고스란히 담겨 있습니다. 축하하고 축복을 기원합니다.

축사

박위근 목사
증경총회장, 염천교회 원로 목사

그동안 여러 차례 목양교회를 방문했는데, 그때마다 평안하고 은혜로운 교회의 모습을 보았습니다. 목양교회를 목회하신 임준식 목사님은 우리 교단뿐 아니라 한국 교회의 지도자로, 말씀 중심의 부흥사로 교파를 초월하여 사역하셨습니다. 오늘날 한국 교회는 매우 힘든 시기에 직면하고 있습니다. 이런 때 일수록 성경이 우리에게 보여주고 있는 사도행전적 교회의 참 모습을 회복해 나가야 할 것입니다. 사도행전적 교회는 말씀이 살아 있고, 그리스도 안에서 서로 사랑하며, 가진 것을 아낌없이 베풀고, 기도로 성령 충만한 교회입니다.

『속량의 은혜를 받고』는 임준식 목사님의 지난 40여 년간 사도행전적 교회를 일군 아름다운 기록입니다. 이 글을 읽는 독자들은 참다운 교회란 무엇인가를 분명히 알게 될 것입니다. 임 목사님의 이후의 사역도 더욱 큰 열매를 맺어 가시길 기원합니다.

축사

황 희
양천구 국회 의원, 문화체육부 장관

더불어민주당 양천갑 국회의원으로서 언제나 귀한 사랑을 지역 사회에 나누고 계신 임준식 목사님과 목양교회 성도님들께 감사의 말씀 드립니다. 목양교회는 지역 어르신들을 효도와 존경의 마음으로 섬기고, 소외된 이웃을 위한 나눔을 실천하며, 어린이와 청소년들에게 의롭고 경건한 그리스도인의 정신을 심어주는 등 하나님의 말씀을 세상에 전하고 실천하는 지역 사회의 자랑입니다. 명실상부한 지역 사회 신앙의 중심이자, 성령이 임하시는 예배의 자리인 목양교회가 이웃을 가족처럼 사랑하고 소외된 곳에 온기를 전하며 지금처럼 세상 속의 빛과 소금으로써 역할을 다해주시길 부탁드리며 다시 한 번 임준식 목사님의 사역과 삶을 다룬 책 출간을 진심으로 축하드리며 독자들에게 일독을 권합니다.

축사

서철원 교수
전 총신대학교 조직신학 교수

복음이 선포되면 성령이 역사하여 주 예수를 믿는다는 믿음의 고백을 하게 됩니다. 이 믿음 고백으로 내가 죄인임을 깨닫게 되어, 하나님! 나는 죽을 죄인입니다. 주 예수의 피로 내 죄를 다 사하여 주시옵소서 하고 회개합니다. 예수 믿는데 필요한 회개는 이것뿐입니다. 주 예수를 믿는다는 믿음을 고백한 후에 죄의 욕망이 일면, 주 예수의 피가 나를 모든 죄에서 깨끗하게 한다고 선언하면(요일 1:7), 죄의 욕망이 소산됩니다. 이 죄의 욕망을 그리스도의 피로 흩으는 것이 성화입니다.

그러나 개혁신학에 회심 준비론 같은 것이 들어와서 예수 믿기 위해 철저히 회개하고 회개에 합당한 열매 곧 선행을 함으로 성령의 역사로 중생하고 믿음을 갖게 되는 줄로 생각해왔습니다. 그러므로 주 예수를 믿는다는 믿음의 고백을 하기보다 먼저 회개를 철저히 해야 믿음을 갖게 되는 줄 잘못 알게 되었습니다. 그래서 자주 회개하지만 아무 효험이 없었습니다. 임준식 목사께서 성경의 가르침을 바로 깨닫고 자신의 체험에 비추어서 이 그릇된 관행을 깨뜨리고 먼저 주 예수를 믿는 믿음의 고백을 한 후 자기가 죄인임을 인정하는 회개를 할 것을 촉구하고 있습니다. 이 믿음 고백과 회개를 하여 임 목사께서는 현재 죄 용서의 기쁨을 누리며 살고 있습니다. 모든 그리스도인들이 다 동일한 과정으로 죄를 용서받고 사죄의 기쁨 속에 살아야 합니다. 이 기쁨의 믿음 생활을 위해 독자제위(讀者諸位)께서 임 목사님의 글을 꼭 읽으실 것을 권고합니다.

축사

최태영 목사
전 영남신학대학교 교수

임준식 목사님의 책 『속량의 은혜를 받고』는 하나님과 교회, 그리고 모든 사람들에게 드리는 임 목사님의 목회보고서입니다. '속량,' 즉 구속, 죄 사함에 대하여 신학적으로 설명하는 사람은 많으나, 그것을 체험으로 알고 가르치는 사람은 그리 흔하지 않습니다. 임 목사님은 목사 안수를 받은 직후에 오히려 목회 포기를 고민해야 할 심각한 상황에서 갈라디아서 4:5의 속량의 의미를 깨닫고 진정한 목사로 거듭나게 되었다고 고백합니다. 이것은 하나님께서 임 목사님을 당신의 종으로 부르신 결정적인 은혜의 사건이라 생각합니다.

목회는 사람의 뜻과 힘으로 할 수 없습니다. 하나님의 부르심이 없으면 흉내만 낼 수 있을 뿐이지, 영혼을 구원하고 천국으로 인도하는 사역은 불가능합니다. 임 목사께서 목사 안수를 받은 즉시 절망감에 사로잡힌 것은 하나님이 그렇게 하신 일로 생각됩니다. 하나님은 임 목사님으로 하여금 목회는 인간의 뜻과 힘으로는 할 수 없는 일임을 절감하게 만드신 것입니다. 그렇게 하신 후에 절망 가운데 있는 임 목사님을 하나님이 부르시고 갈라디아서 4장 5절, "율법 아래 있는 자들을 속량하시고"라는 말씀을 주셨습니다. 이때부터 임 목사님은 속량의 은혜에 사로잡혀 목양교회를 개척하신 후 제자 훈련을 하시고, 성막 세미나를 여시고, 세계 선교와 탈북민 선교에 헌신하셨습니다. 임 목사님은 무술 합계 21단의 무술인으로 체육관 총관장, 유치원 원장 및 주산학원 원장이라는 언뜻 보기에는 어울리지 않을 것 같은 특별한 경력을 가지고 있습니다. 그러나 임 목사님은 무술인으로서의 강인함과 유치원 원장으로서의 부드러움과 주산학원 원장으로서의 세심함을 동시에 가지고 계신 분입니다. 임 목사께서는 총회이단사이비대책위원회 위원장으로 일하실 때 전문위원으로 딱 1년 함께 사역하였지만, 저는 임 목사님에게서 복음 진리에 대한 충성과 이단 사이비에 대한 배격과 더불어 회개하고 돌아오는 자에 대한 따뜻한 배려와 친절을 보았습니다. 이 책을 통하여 이와 같은 임 목사님의 인격과 사역 속에 담긴 하나님의 속량의 은혜를 깊이 느낄 수 있으리라 확신하기에 일독을 권합니다.

축사

이규민 목사
장로회신학대학교 교수

임준식 목사님은 영성과 지, 덕, 체를 모두 갖춘 통전적 리더(wholistic leader)로서 영적 아버지 같은 넉넉함, 영적 어머니 같은 따뜻함, 영적 스승 같은 깊은 지혜를 겸비하신 분입니다. 과거 영은교회 목회 시절부터 늘 말씀과 기도의 본을 보여주심으로써 많은 사람들로부터 존경을 받으셨고, 모든 어려움과 난관들을 말씀에 기초한 믿음을 통해 돌파하는 신앙의 모범을 보이셨습니다. 임준식 목사님의 헌신과 모범을 통해 목양교회가 날로 부흥 발전하였고, 목사님 자신도 학계에서 영향력과 리더십을 힘 있게 펼쳐 나가셨습니다. 임준식 목사님의 책 『속량의 은혜를 받고』는 지난 40여 년간 뿌리신 씨앗의 풍성한 열매, 흘린 땀방울의 아름다운 결실입니다. 목사님의 이후의 사역이 한국을 넘어 세계를 향해 도약, 발전해 나가시기를 기원합니다.

축사

조성돈 교수
실천신학대학원대학교 교수

임준식 목사님은 40여 년 전 제게 전도사님이었습니다. 중학교 1학년 때 교회를 처음 다니기 시작했는데 처음 만난 목회자였습니다. 그리고 중고등부를 거치는 6년 동안 지도를 받았습니다. 실은 교회뿐만 아니라 합기도 도장에서도 배웠습니다. 저에게 임 목사님은 신앙의 영웅이었습니다. 믿음을 가지고 무엇이든 할 수 있다는 모습을 항상 보여주셨습니다. 믿고 가면 된다고 말만이 아니라 삶으로 보여주셨습니다. 우리에게 그게 바로 예수 믿는 거라고 단순하게 가르쳐 주신 것입니다.

요즘 세대들은 고향을 잃은 사람들이라고 합니다. 저 같아도 서울에서만 자라 수없이 이사를 다녔기 때문에 고향이라는 것이 없습니다. 그런데 제게 고향 교회는 있습니다. 나를 기억해 주고 이해해주는 사람들이 있는 그런 고향 교회 말입니다. 『속량의 은혜를 받고』는 임준식 목사님의 40여 년간의 목회를 통해 일군 고향과 같은 목양교회의 산 기록입니다. 모든 독자 여러분이 이 책을 통해 고향에 온 것만 같은 안식을 얻게 되기를 바랍니다.

축사

김의식 목사
치유하는 교회 위임 목사, 치유상담대학원대학교 총장,
총회부흥전도단 대표 단장

　임준식 목사님은 일찍이 율법에 얽매여 살다가 33년 전 주님의 은혜를 뜨겁게 체험하고 주의 종으로 소명을 받고 목양교회를 크게 부흥시켰습니다. 뿐만 아니라 서울 서남노회장과 대한 예수교 장로회 총회부흥전도단 대표 단장과 이단사이비연구위원회 위원장을 역임하시는 등 복음의 전선의 최전방에 서서 영적 싸움의 리더십과 역량을 발휘해 왔습니다. 개인적으로는 부족한 종을 총회부흥전도단으로 인도해 주셨고 오늘까지 영적인 지도를 해주고 있습니다. 금번 임 목사님의 저서 『속량의 은혜를 받고』는 지난 33년간 경험하였던 말로 다할 수 없는 하나님의 속량의 은혜를 자세히 간증함으로써 모든 성도들과 주의 종들에게 영적인 큰 도전과 은혜를 줄 수 있으리라고 확신하기에 기쁨으로 이 책을 적극 추천하는 바입니다.

목양교회 목회 33년
은퇴를 축하합니다

신태의 목사
광남교회, 서울서남노회 전 노회장

장기 목회를 잘 마치고 강건하게 은퇴하심을 축하드립니다. 은퇴 후의 삶이 더 행복하고 보람되시길 기원합니다. 사랑하고 축복합니다.

이진섭 목사
고촌중앙교회, 서울서남노회 전 노회장

그동안 수고 많이 하셨습니다. 그러나 아직 달려갈 길이 많이 남아있습니다. 지금부터 다시 시작입니다. "내가 이미 얻었다 함도 아니요 온전히 이루었다 함도 아니라 오직 내가 그리스도 예수께 잡힌 바 된 그것을 잡으려고 달려가노라"(빌 3:12)

안옥섭 장로
강서갈릴리교회, 서울서남노회 전 노회장

   서울서남노회 33년을 함께 노회와 총회를 섬기신 임준식 목사님의 은퇴와 원로 목사, 공로 목사를 축하드립니다. 목사님은 한결같이 마음의 성품이 전에도 지금도 변함이 없습니다.
   역시 진리의 사랑을 경험하고 그리스도의 마음을 소유한 신의 성품을 지닌 인격에 감동과 사랑을 많이 입었습니다. 임준식 목사님! 이제 거룩한 땅에서 새 신발을 신고 출발하여 독수리와 같이 높은 창공을 날으세요.

조재호 목사
고척교회, 서울서남노회 전 노회장

   목양교회를 개척하셔서 33년 동안 목양일념으로 한 길 걸어오신 목사님을 깊이 존경합니다. 교회는 은퇴하지만 하나님의 종은 은퇴가 없습니다. 타이어 바꿔 달고서(re-tire) 사모님과 함께 건강하시고 평안을 누리는 축복의 삶의 되시기를 바랍니다.

한요섭 목사
서암교회, 서울서남노회 전 노회장

일상은 역사가 되었고 속된 땅은 성전이 되었고 목사님은 꿈이 말이 되고 빛이 되어 눈 속으로 스며들어와 하나님의 대언자가 되었습니다. 오늘도 내일도 현실에 뿌리를 내리고 주신 삶을 부여안고 잘 누리며 사십시오.

윤병수 목사
서남교회, 서울서남노회 전 노회장

목사님과의 만남은 신월동 개척 교회 창립 예배를 동부시찰이 함께 모일 때였습니다.

그때의 젊음이 지금도 여전하신데... 벌써 은퇴라니요!

목양의 마음으로 목양하신 주님의 사랑을 늘 간직하시며 사시기를 기도합니다.

노창영 목사
개봉교회, 서울서남노회 노회장

"이보다 더 큰 일을 보리라"(요 1:50)

예수님께서 나다나엘에게 말씀하신 것처럼 은퇴 후에 더 큰 일을 보시기를 기도합니다.

이인식 장로
광주운암교회

요나단의 마음이 다윗의 마음과 하나가 되어 요나단이 그를 자기 생명같이 사랑하여… 더불어 언약을 맺었으니(삼상 18:1-3)

거룩함을 입은 우리, 한 근원에서 태어난 임준식 목사는 해남의 남리 윗집과 아랫집의 초등학교 동문에서 주 안에 신실한 형제가 되었네. 하나님께서 자네와 나에게 주신 축복이 영생일세(삼상 18:1-4, 히 2:11, 시 133).

모세 80세, 아브라함 75세에 부름 받았네요.

우리도 목사와 장로로 이제 시작입니다.

추천사

박성배 박사
『한국 교회의 아버지 사무엘 마펫』 저자,
한우리미션밸리 대표

한마디로 말해 임준식 목사님은 속량의 은혜를 받고 일평생 목회한 예수님을 닮은 선한 목자이다. 부천노회 이종선 목사님의 소개로 처음 임준식 목사님을 뵙고 책 출간을 위한 첫 미팅을 목양교회 목양실에서 임준식 목사님과 단둘이서 가졌다. 나는 우선 책의 방향을 정해야 하기에 임 목사님의 33년 담임 목회와 인생 여정을 경청했다. 그렇게 첫 만남을 하고 목사님이 주시는 자료를 받아 집에 왔다. 집에 와서 자료를 분석해 보면서 느껴지는 생각은 역시 한 가지였다. "아! 참 임준식 목사님은 예수님을 닮은 선한 목자이시구나." 하는 생각 말이다. 그렇게 첫 만남에서부터 시작해서 여러 번의 만남을 통해서 함께 한 권의 책을 만들었다. 그 감동과 감격을 몇 가지로 나누어 보고자 한다.

첫째로, 임준식 목사님의 책은 속량의 은혜를 받은 목회자의 진솔한 목양 고백서이다. 책의 제목부터 마지막 장까지 한 가지 주제는

"속량"이다. 갈라디아서 4장 5절 말씀으로 속량의 은혜를 받고 오직 속량의 은혜로 한 길을 달려온 선한 목회자의 삶이 이 책에 담겨 있다.

둘째로, 임준식 목사님의 책은 내용이 충실하다. 흔히 목차, 콘텐츠(Contents)를 보고 책을 평가하게 되는데, 이번에 임준식 목사님이 쓰신 『속량의 은혜를 받고』는 1부부터 6부까지 내용이 충실한 책이다. 1부에서는 신앙과 인생 고백을, 2부에서는 목양교회를 개척한 후의 33년 목회를, 3부에서는 제자 훈련을 받은 제자들의 간증을, 4부에서는 성막 말씀 부흥회와 생명 얻는 회개를, 5부에서는 성막에 계시된 예수 그리스도를, 마지막 6부에서는 70세 은퇴 이후에도 영원한 현역 인생으로 한국 교회와 세계 선교를 섬기고자 하는 속량 은혜 복음 코치로서의 비전을 쓰고 있다. 쓰면 이루어진다는 말처럼, 임준식 목사님이 책에 쓴 대로 다 이루어져 가는 삶이 되기를 소망한다.

셋째로, 임준식 목사님은 삶으로 속량의 은혜 복음을 전하시는 분이다. 임준식 목사님의 책을 함께 만들면서 나는 잔잔한 은혜를 많이 받았다. 특별히 속량의 은혜의 복음 내용을 원고를 정리하면서 깊이 깨닫게 되었다. "아하! 이거구나, 목회자와 선교사가 바로 사는 길이 이거구나." 하는 깊은 깨달음을 갖게 되었다. 그래서 이번에 출간되는 임준식 목사님의 책이 한국 교회를 다시 살리고 세계 선교 현장에서 수고하는 선교사들에게 삶과 사역의 지침서가 될 수 있기를 바란다.

넷째로, 임준식 목사님은 함께 동역하기에도 행복을 주는 선한 목자이다. 나는 이번에 책을 코칭하면서 하나님께서 임준식 목사님을 통해서 역사하신 속량의 은혜 복음에 대해서 깊이 은혜를 받고 공감하게 되었다. 그리고 속량의 은혜 코칭 전문가인 임준식 목사님과 책 쓰기 코칭 전문 작가인 내가 함께 동역하면서 하나님께 영광을 돌리고자 하는 비전을 갖게 되어서 감사하다. 『한국 교회의 아버지 사무엘 마펫』을 쓰고 코로나로 멈추어 있을 때, 하나님은 임준식 목사님 책 코칭을 통해서 귀한 만남과 은혜를 베풀어 주셨다.

마지막으로, 임준식 목사님의 사역이 이제는 한 교회의 울타리를 넘어서 한국 교회와 세계 선교를 위해서 더 크게 확장되어 가기를 소망한다. 저자의 책이 출간된 이후에 분명히 그러한 지평이 활짝 열리리라 믿는다. 이제부터는 은퇴 없는 현역 인생으로 100세가 넘을 때까지 "속량의 은혜 복음 코칭"으로 하나님의 나라 확장을 위해서 크게 사용되는 삶이 지속되고 임준식 목사님의 미래가 더욱 아름답고 멋있게 펼쳐지기를 기도한다.

추천사

김중헌 목사
전 캘리포니아 뉴홉대학교 교목

임준식 목사님께서 『속량의 은혜를 받고』를 저술하여 신앙인들이 읽어야 할 필독서로 세상에 내놓게 되어 축하와 감사를 드립니다. 임 목사님을 약 45년간 가까이서 또는 멀리서 바라볼 때 그의 품성에서 풍겨 나오는 인격적 수양을 높이 평가할 수 있습니다. 목회 전에는 운동으로 신체의 단련은 물론이고 인생의 고뇌에 자리 잡고 있는 어두운 실존을 격파하는 파괴력을 보여주며 수련하였습니다. 성역에 임하여서는 성령의 감동과 진리의 말씀으로 무장하고 이제는 간직해 온 그 은혜로 인한 보물 창고의 문을 열어 속량의 은혜를 세상에 알려 주었습니다. 주님께 헌신하여 성령의 능력으로 또한 불타는 심정으로 목회에 온 정열을 다 쏟아부었으며, 눈물의 골짝 가운데와 적막한 빈 들에서 슬피우는 그 누구를 본다면 심혈을 다하여 한 생명이라도 더 구하기 위해 전력을 다하였습니다.

임 목사님의 신앙 저력은 대단합니다. 목회 중 뜻하지 않은 환난과 핍박이 찾아올 때에도 성도의 신앙 따라서 무릎 꿇고 "주여 이 죄를 저들에게 돌리지 마옵소서" 하며 스데반의 기도문을 따라 죽도록 충성을 다하는 모습을 보여주었습니다. 목사님의 사랑을 측량해 볼 때 마음을 다하고 성품을 다하고 목숨을 다하고 뜻을 다하고 힘을 다하여 주 우리 하나님을 사랑하였으며, 용서와 이해와 희생과 봉사, 그리고 관용으로 이웃을 자신의 몸과 같이 사랑하였습니다. 그 외 목회 철학에는 신앙적 확실성, 역사적 세계관, 비판적 판단력, 미래 지향적 전진, 현실적 사실성 등을 담고 있습니다.

임 목사님은 앞으로도 끊임없이 그의 목회 철학을 이어 갈 것입니다. 그의 사명이 다할 때까지 끝까지 지켜봐 주시고 기도로 성원해 주시기 바랍니다. 끝으로 임 목사님의 저서를 세상 독자들에게 널리 추천하오니 깊은 탐구와 분석으로 지적 신앙의 보화를 캐내시어 생명의 양식이 되기를 바라며 주님 안에서 기쁨, 기도, 감사, 믿음, 소망, 사랑이 충만하여 넘치시기를 기원합니다.

추천사

장영출 목사
전 공군 군종감, 현 예수제자선교회 회장

복음 안에서 만난 친구 임준식 목사님께서 목양교회 33년간의 목회 사역을 마무리하면서 목사님의 삶과 사역을 정리해서 『속량의 은혜를 받고』라는 제목의 책을 발간하게 되어 우리 모두 참으로 하나님께 감사를 드리며, 그동안 목회에 심혈을 기울여 헌신해 오신 목사님에게 존경의 박수를 보냅니다.

그동안 교회 목회를 비롯해 국내외 순회 복음 집회와 성막 세미나, 그리고 한국기독교부흥협의회 대표 회장직을 비롯한 여러 단체의 대표직을 맡아 수고해 오셨습니다. 제가 알기로는 교회 강단의 메시지나 집회 또는 여러 단체를 통한 사역과 헌신의 중심된 흐름은 예수님의 속량 복음이었습니다. 이번에 발행되는 이 책을 통해서도 임 목사님의 신앙 사상의 흐름이나 목회 사역의 주된 핵심은 은혜 복음이라는 사실을 알게 될 것입니다. 오늘날 생명의 은혜 복음에 목마른 목회자나 성도들에게 신선한 충격과 속 시원한 생수를 공급하게 될 것으로 확신합니다. 목사님의 개인적인 영적 체험과 신앙 고백, 그리고 목회자로서의 삶과 사역 등 모두가 속량의 은혜 복음을 가득 담고 이 한 권의 책에 녹아있기에 독자 여러분에게 추천합니다. 이 책을 읽는 자마다 넘치는 감동을 받을 뿐 아니라 현장 목회에도 크게 도움이 될 것을 확신합니다.

목차

축시 … 4
고 훈 목사 안산제일교회 원로 목사

축사 … 6
오세철 목사 개봉교회 원로 목사
박위근 목사 증경총회장, 염천교회 원로 목사
황 희 양천구 국회의원, 문화체육부 장관
서철원 교수 전 총신대학교 조직신학 교수
최태영 목사 전 영남신학대학교 교수
이규민 목사 장로회신학대학교 교수
조성돈 교수 실천신학대학원대학교 교수
김의식 목사 치유하는교회 위임 목사, 치유상담대학원대학교 총장,
총회부흥전도단 대표 단장

목양교회 목회 33년 은퇴를 축하합니다. … 16
신태의 목사 광남교회, 서울서남노회 전 노회장
이진섭 목사 고촌중앙교회, 서울서남노회 전 노회장
안옥섭 장로 강서갈릴리교회, 서울서남노회 전 노회장
조재호 목사 고척교회, 서울서남노회 전 노회장
한요섭 목사 서암교회, 서울서남노회 전 노회장
윤병수 목사 서남교회, 서울서남노회 전 노회장
노창영 목사 개봉교회, 서울서남노회 노회장
이인식 장로 광주운암교회

추천사 … 20
박성배 박사 한국 교회의 아버지 사무엘 마펫 저자, 한우리미션밸리 대표
김중헌 목사 전 캘리포니아 뉴홉대학교 교목
장영출 목사 전 공군 군종감, 현 예수제자선교회 회장

프롤로그(Prologue) ········· 31
속량의 은혜를 받고 일평생 목회자로 헌신하다

1부 나의 신앙과 인생 고백   35
01. 연탄가스 사고 이후 신앙생활에 전념하다   36
02. 군에서 세례를 받으면서 군종으로 섬김을 시작하다   38
03. 체육관 총관장, 유치원 원장, 주산학원 원장을 하다   42
04. 서울 영은교회에서 청년회와 교회 학교 교사로 섬기다   47
05. 서울 영은교회에서 부교역자로 섬기다   49
06. 갈라디아서 4장 5절로 속량의 큰 은혜를 받다   52
07. 무술 21단 등 모든 것을 다 내려놓고 목회자가 되기로 결단하다   55

2부 목양교회를 개척하여 목회하다   59
01. 속량의 은혜를 받고 목양교회를 개척하다   60
02. 예배당을 신정동 상가로 이전하다   63
03. 예배당 건축하면서 IMF 위기를 극복하고 큰 복을 받다   66
04. 제자 훈련을 하다   68
05. 성막 세미나로 예수 그리스도의 속량을 전하다   71
06. 선교에 문이 열리다   77
07. 탈북민 선교를 하다   81

속량의
은혜를
받고

3부 　**임준식 목사와 제자 훈련을 함께 한 분들의 간증**　　**85**
　　1. 빛이 있으라: **임 에스더(임경희 사모)**　　86
　　2. 내 인생의 롤 모델이 되신 목사님: **최영수 선교사**　　92
　　3. 세상, 율법, 그리고 복음으로: **정원덕 목사**　　97
　　4. 오직 진리의 말씀 전하는 것만 본분 삼으신 목사님: **오순임 권사**　　103
　　5. 예수님의 사랑을 실천하시는 분: **정창성 목사**　　107
　　6. 주님의 사역에 동역자로 삼아주신 목사님: **김순자 권사**　　111
　　7. 길이요 진리요 생명 되신 주님께 감사드립니다: **고성자 권사**　　116
　　8. 목사님, 그때 왜 그랬나요?: **김광진 목사**　　120

4부　**성막 말씀 부흥회와 생명 얻는 회개**　　**125**
　　01. 성막의 진리와 새 생명　　126
　　02. 성막의 구속사와 생명의 성령의 법　　132
　　03. 우리가 어찌할꼬　　138
　　04. 성경이 무엇을 말하느뇨　　143
　　05. 생명 얻는 회개(행 11:16-18)　　148
　　06. 생명 얻는 회개와 복음　　157
　　07. 생명 얻는 회개와 거듭남　　164
　　08. 십자가의 죽음과 속죄 제사　　171
　　09. 생명 얻는 회개와 속량의 은혜 복음　　185
　　10. 속량의 은혜 그 이후 율법 의(義)와 복음 의(義)　　193

5부 성막에 계시된 예수 그리스도 — 199

01. 성막은 어떤 기능을 합니까? — 200
02. 찢어진 휘장과 속량 — 211
03. 속량의 죽음과 부활 — 221
04. 피 흘림을 통한 속량과 화목 — 226
05. 그리스도의 피를 통하여 받은 속량 — 237
06. 생명의 피 흘림과 속량 — 247
07. 속량과 예수 그리스도 안에 있는 구원 — 258

6부 은퇴 후의 비전인 메타노이아 속량 복음 코칭 — 265

코칭1 _ 임준식 목사의 속량의 은혜를 받은 간증 — 266
코칭2 _ 속량의 은혜에 관한 일대일 코칭 — 273
코칭3 _ 속량의 은혜 코칭을 위한 3단계 양육 코칭 — 275
코칭4 _ 기도원과 신학교 집회를 위한 속량의 은혜 코칭 — 277
코칭5 _ 통일을 위한 교회의 역할 코칭 — 279
코칭6 _ 통일 준비와 정책 수립 코칭 — 283
코칭7 _ 한국 교회와 세계 선교의 속량 은혜 코칭 — 287

에필로그(epilogue) — 289

프롤로그
Prologue

속량의 은혜를 받고 일평생 목회자로 헌신하다

나는 속량의 은혜를 받고 일평생 목회자로 헌신하여 살아왔다. 2021년 12월에 정년 은퇴를 앞두고 있다. 교단법에 따라서 은퇴를 하지만 은퇴 이후에 더 보람된 인생 2막을 살아가고자 하는 다짐으로 이 책을 쓴다.

나의 유년 시절은 믿음의 가정도 아니었고 유복하지도 않았다. 특별한 자랑거리 하나 없는 그저 착하고 겁 많은 평범한 아이였다. 청년 시절부터 교회에 다니기 시작했고, 군 복무 후 신학을 시작하게 되어 전도사로, 1986년에는 목사 안수를 받았다. 평신도 시절부터 섬겨왔던 영은교회에서 부목사까지 되었다. 중등부 교사, 청년부 총무 등 평신도 사역을 했고, 교역자가 된 이후에는 열정 가득한 교역자로 교회와 성도들의 사랑을 받으며 열심히 사역했다.

또 20년 넘게 운동을 하면서 태권도, 합기도, 활법 등에 각각 7단으로서 소원대로 체육관도 세웠고, 기도하던 대로 부목사로 목회자도 되었다. 겉으로는 모든 것이 내가 원하는 대로 안정되었고 거칠 것이 없었다. 그런데 부목사로서 열심히 할수록 내 속에 알 수 없는 갈등이 끊임없이 일어났다. 그러던 중 1987년에 목회를 그만두려고 결정했다. 그해는 눈물의 세월을 보냈다. 인생의 깊은 고민이 생겼다.

그러다가 1987년 11월 23일 오전 10시 47분경에 집에서 성경을 읽다가 갈라디아서 4장 5절, "율법 아래 있는 자들을 속량하시고 우리로 아들의 명분을 얻게 하려 하심이라. 너희가 아들이므로 하나님이 그 아들의 영을 우리 마음 가운데 보내사 아빠 아버지라 부르게 하셨느니라. 그러므로 내가 이후로는 종이 아니요 아들이니 아들이면 하나님으로 말미암아 유업을 받을 자니라."는 말씀에 큰 감동을 받았다. 종교 개혁자 마틴 루터(Martin Luther)가 로마서 1장 17절 말씀을 통해 복음을 재발견하고 율법과 전통에서 벗어나 자유함을 누리고 십자가 복음을 목숨을 다 바쳐 전한 것처럼 나에게도 복음의 은혜를 재발견하는 큰 은혜가 임했다. 특히 5절의 "속량"이라는 두 글자를 통해 마음에 속죄함, 즉 죄 사함이 이루어졌다. 죄로 인한 억눌림에서 벗어나 놀라운 평화와 자유를 얻게 되었다.

그래서 속량의 은혜인 말씀의 능력을 체험하고 오직 말씀 중심으로 돌아갔다. 오직 말씀, 오직 은혜, 오직 믿음, 오직 하나님께 영광을 돌리는 목회를 시작하게 되었다. 십자가 복음의 대속적 은혜를 깨닫고 주님의 교회를 섬기며 행복한 목회를 해 왔다. 목양교회를 개척한 후 어느덧 33년이란 세월이 흘렀다. 세월의 풍상을 이기지 못하고 이제 2021년 12월에 교단의 법을 따라서 은퇴하여 마무리하지만, 은퇴 후에는 초교파적으로 십자가의 신비 "속량의 은혜 복음"을 힘 있게 전하는 일을 계속하고자 한다.

2021년 11월

임 준 식

1부

나의 신앙과 인생 고백

01. 연탄가스 사고 이후 신앙생활에 전념하다

인생을 살다보면 누구에게나 분기점이 있다. 나에게는 연탄가스 사고가 하나님께 돌아오는 큰 계기가 되었다. 이전에도 신앙생활을 했지만 20살 때 연탄가스 중독 사고를 경험한 이후에야 비로소 진정한 신앙생활을 하게 되었다. 연탄가스 사고로 거의 죽은 상태가 되자 사람들이 나를 밖에다 내놓곤 가마데기에 덮어 놓았다. 당시로선 병원에 갈 수도 없는 상태였다. 잠깐 잠든 사이 방바닥에 뚫린 구멍으로 연탄가스가 방에 들어왔던 것이다. 연탄가스를 마신 후 의식을 완전히 잃었다. 거의 죽은 상태였다. 3시간 만에 깨어났다. 그 시간에 나를 전도했던 초등학교 친구 이인식이 나를 붙들고 기도를 했다고 한다. 그 친구는 현재 광주 운암교회 장로다. 그 친구의 간절한 기도가 있은 후 무의식 상태에서 무지개 일곱 빛깔이 내 머리에 비쳤다. 그게 의식이 되면서 빛의 속도로 지구가 회전하듯이 어지럽다가 깨어났다. 눈을 떠 보니 그 친구 얼굴이 보였다. 친구가 나를 쳐다보고 있었다.

연탄가스에서 깨어난 후에 겨우 20살이었던 내가 한 첫 마디는

"인생은 허무하다."라는 말이었다. 돌이켜보니 운동선수로서 큰 꿈을 갖고 있었는데, 불현듯 죽음을 경험하고 나니 인생이 허무하다고 느낀 것이다. 이런 경험 이전에는 세상에서 성공하고 싶은 야망이 넘친 나였다. 운동선수로서의 꿈은 복싱을 해서 세계 챔피언이 되는 것이었다. 그러나 복싱을 그만두고 태권도를 하게 되었다. 태권도를 통해서도 세계적인 선수가 되고 싶었다. 합기도 무술로 선수 생활하면서 최고의 무술 선수가 되고 싶었다. 곧 무도인이 되고 싶었다. 그런데 연탄가스로 죽음을 체험하고 깨어나니 인생이 참 허무하다는 것을 지울 수 없었다.

이때 인생을 살면서 가장 많이 울었던 것 같다. 인생의 허무함과 나 자신의 교만에 대한 자각으로 하염없이 울게 되었다. 그때부터 사고 이전보다 교회에 나가는 횟수가 더 많아졌다. 연탄가스 사고 이전에는 세상 친구들이 나를 밖으로 이끌어 세상 쪽으로 데리고 나가려고 했다. 그러나 하나님의 큰 은혜를 입은 자로서 세상을 향해 달려갈 수 없었다. 절친 이인식으로 인해 영은교회를 열심히 나가게 되었다. 죽음의 깊은 터널을 통과한 이후였기에 내 마음이 겸손하고 낮아져서 숙연해진 자세로 교회를 나갔다. 열심히 신앙생활을 하는 중 1972년 2월에 군에 입대하게 되었다.

02. 군에서 세례를 받으면서 군종으로 섬김을 시작하다

연탄가스 사고 이후 얼마 지나지 않아 군에 입대하게 되었다. 군 생활을 하는 동안 정말 교회에 열심히 다녔다. 논산 훈련소에서 역사상 가장 믿음 좋은 훈련병이라는 소문이 날 정도였다. 연탄가스 사고를 경험한 터라 인생의 허무를 느끼고 입대했기에 신앙생활에 더욱 집중할 수밖에 없었다. 생명의 주인이신 주님 외에는 의지할 대상이 없었다. 그때부터 교회의 인솔자가 되었다. 주일날이면 교회 갈 사람들을 독려하며 인솔했다. 그 안에는 신학을 공부하다가 온 사람, 교회 봉사를 잘하던 장로 권사의 자제들도 있었다. 그러나 나는 간절한 마음으로 주님을 찾고 의지하였기에 논산 훈련소에서 최고 믿음 좋은 훈련병으로 신앙생활을 할 수 있었다.

논산 훈련소에서 6주를 마치고, 4주를 별도로 특수 훈련을 받았다. 하사관 학교에 들어갈 사람들을 위한 준비 훈련이었다. 계획에 없던 하사관 학교로 갔다. 논산 훈련소에서 다져진 믿음은 사라지지 않고 역동적으로 지속되었다. 50분 훈련 후 10분 휴식 시간에도 성경을 읽었다. 군에서 하나님의 은혜로 담배와 술을 끊게 되었다. 입대 전에는 조금 했었지만 군에서 은혜를 받으면서 완전히 끊게 되었다. 하사관을 위한 4주 교육에서도 믿음 생활을 열심히 하였다. 주변에서 다 나를 보고 목사라고 하였다. 목사가 될 생각은 없었지만, 주변에서 믿음이 좋은 것을 보고 인정해 주면서 목사라고 칭한 것이다. 교회를 다녀오면 체벌을 많이 받았다. 그 고통스러운 체벌을 받아가면서도 믿음을 잃지 않고 군인 교회에 충실히 다녔기에 결국은 인정을 받게 되었다.

하사관 학교 6개월 훈련을 잘 마치고 하사 임관을 2주 앞둔 어느 날 하사관 학교를 자퇴하였다. 당시로선 거의 불가능한 일이었다. 그러나 나는 군종을 하면서 복음을 전하고 싶어서 하사관을 자퇴할 수밖에 없었다. 그 일로 체벌을 많이 받고 어려움도 많이 겪었지만 기꺼이 감수했다. 결국, 하사관 학교를 자퇴하고 다시 이등병이 되어 최전방 사단인 21사단 양구 D.M.Z에서 군종을 하게 되었다. 하사관이 되면 월급도 많이 받고 군에서 대우도 받고 좋았지만, 나는 세상의 부와 명예보다 열심히 신앙생활을 하면서 복음을 전하고 싶어 군종을 선택했다.

군에서 일기를 쓰면서 믿음의 여정을 계속하였다. 이때 세례를 받았다. 군종이 되는 과정에서 1972년 12월 5일 유장본 목사님께 세례를 받았다. 21사단 양구 군인 교회에서 군종으로 교회를 섬기면서 많은 영적인 훈련을 받았다. 성경 읽고 묵상하고, 기도하고, 찬송하고, 설교 준비하고, 예배 인도하는 일이 내 주된 임무였다. 휴가 다녀온 병사들을 상담하는 일도 중요한 일이었다. 가정사 문제, 애인과의 문제 등을 상담해 주었다. 북한이 가까운 지역이라서 월북 가능성도 많이 있었기에 사전에 상담을 통해서 월북을 막았다. 그렇게 군종을 하면서 기도를 하면 "너는 장차 신학을 공부해서 목사가 되라."는 감동이 마음에 여러 차례 밀려왔다. 그러나 휴가를 나가면 군에서 가졌던 믿음이 식었다. 그런데 놀랍게도 군으로 복귀하면 또 믿음이 회복되었다. 당시 군종 일기를 보면 나의 영적인 상태를 자세히 알 수 있다. 군종 일기에 다섯 가지의 기도 제목이 수록되어 있었다.

첫째, 군에서 가졌던 신앙생활을 제대 이후에 더 열심히 해야겠다는 것이다. 여호와 하나님과 올바른 관계를 갖고 싶다. 내 마음의 첫 자리가 주님이 되길 원했고, 신앙의 축복을 받고 살고 싶다.

둘째, 무엇을 하든지 주님의 영광을 위하는 마음으로 전도하며 사는 삶을 살고 싶다.

셋째, 범사에 감사하는 체육관을 개관하여 운동을 지도하고 전도하여 운동 정신과 신앙 정신으로 올바른 지도자로 양성하는 데 필요한 인물이 되고 싶다.

넷째, 신학 대학을 가고 싶다. 진정으로 주님의 종이 되어 희생과 봉사하는 자가 되고 싶다.

다섯째, 죽어도 주님을 위하여 죽을 것이며, 살아도 주님을 위하여 살 것이고 세상 살 동안 주님 품에서 살게 하소서! 제가 가는 곳에 복음을 들고 가게 하옵시고, 제가 있는 곳에는 빛이 되길 원합니다. 주님! 저를 필요한 때 사용하시고 많은 양을 치는 목자가 되게 하옵소서! 아멘, 할렐루야. 이상은 1974년, 23살 군종병이 제대를 3개월 앞두고 고백한 5가지의 기도 제목이다.

군에서 박종복 형제(UBF 목자)에게 일용할 양식과 성경 공부를 통해서 많은 유익함을 나누었고, 제대 후에는 종로 5가 본부에 있는 이사무엘 목자와 여름 수련회를 통해서 큰 은혜를 받았다.

03. 체육관 총관장, 유치원 원장, 주산학원 원장을 하다

1976년도 6월 10일에 체육관을 개관했다. 그 이후 1980년에는 유치원을, 1982년에는 주산학원을 개원했다. 입대 전부터 운동선수와 운동 사범으로 준비가 되었기 때문에 제대하고 체육관을 시작하였다. 제대 후 직장 생활 11개월 후에 바로 체육관을 개관하였다. 개관 목적은 운동 정신 속에 사람의 참된 인격과 의리와 윗사람 존중과 아랫사람 사랑의 정신을 배우게 하고, 사회의 지도자를 양성하기 위함이었다. 종목은 태권도, 합기도, 활법 등이었다.

유치원을 개원한 목적은 어렸을 때부터 꿈을 키우게 하고, 부모님을 공경하는 마음을 갖게 하기 위해서였다. 유치원 원장은 내가 하였고, 교사는 전문 교사들을 두고 운영을 하였다. 주산학원은 한창 주산학원이 성황하고 있었기에 같이 시작하였다. 주산은 수학 공식을 빨리 외울 수 있고, I.Q 개발을 위해서도 필요하기 때문에 시작했다. 주산학원 운영도 내가 원장을 하고, 실무는 전문 주산 교사를 두고 운영했다. 종합 체육관, 유치원, 주산학원을 통해

경제적으로 큰 수입을 얻으면서, 겸하여 영등포공고 교목을 10년 2개월간 했다. 그리고 영은교회 전도사로 7년, 부목사로 3년을 섬겼다. 수입도 좋고 모든 면에서 안정적이었기에 전임 사역으로의 목회자의 길은 아직 생각하지 않았다. 단지 체육관에서 운동 정신과 신앙 정신으로 훌륭한 사회의 지도자를 양성하는 것이 목적이었다.

처음 체육관은 영등포구 당산동에서 작게 시작하여 점차 확장해갔다. 확장해가면서 사범들을 두고 운영했다. 체육관에서 배운 제자들이 서울 곳곳에 체육관을 개관했다. 체육관 회원들은 점점 많아져 사회 각계각층의 다양한 사람들이 모였다. 교수, 기업 회장, 학생, 사장 등 다양한 사람들이 체육관에서 훈련을 받고 나면 승단증과 자격증을 수여했다. 외국인들도 30여 명 훈련받았다. 나중엔 180명 정도가 훈련을 받았다. 육군 사령부 소속 부대 250명의 특수 무술 교관으로서도 지도하였다. 이렇게 체육관을 13년간 계속했다. 체육관을 하면서 배운 점은 운동 정신을 통해 인격 수양에 큰 도움이 되고, 하나님을 더 신뢰하고 의지하고 힘입어서 살아가게 된다는 점이었다. 그래서 체육관 이름을 처음부터 〈임마누엘 종합 체육관〉으로 정했다.

임마누엘이란 뜻은 히브리어로 "하나님이 우리와 함께하신다." 라는 뜻이다. 이사야 7장 14절과 이사야 41장 10절 말씀이다. "주께서 친히 징조를 너희에게 주실 것이라. 보라 처녀가 잉태하여 아들을 낳을 것이요 그의 이름을 임마누엘이라 하리라." 그리고 이사야 41장 10절에서는 "두려워하지 말라. 내가 너와 함께 함이라. 놀라지 말라. 나는 네 하나님이 됨이라. … 참으로 나의 의로운 오른손으로 너를 붙들리라."는 성경 말씀을 차용하여 이름을 그렇게 정했다. 임마누엘이라는 이름대로 13년간 함께 해주셔서 재정적으로 큰 축복을 받았고, 좋은 지도자를 많이 양성했고, 지역 사회에도 이바지했다. 특히 노인잔치를 하면서 전도를 했다. 서수남 씨를 초청해서 전도 잔치를 하고, 이용남 목사님과 김중헌 목사님을 초대해서 복음을 전하게 하고 잔치를 베풀어 지역 노인들을 섬겼다. 그 행사에 지역 유지인 영등포 구청장과 국회 의원, 지인 등 많은 분이 참석하였다. 전도와 베풂을 통해서 하나님께 영광을 돌렸다.

유치원도 아이들을 키우면서 아이들에게 복음을 전하기 위해서 시작했다. 유치원 행사로 부모님들을 초대하여 어린이 잔치, 태권도 시범, 학습 발표 등을 통해서 복음을 전했다. 그렇게 전도된 아이들의 부모님들이 교회로 인도된 경우가 참 많았다. 유치원은 7

년 정도 운영을 했다. 교사 2명이 함께 했다. 유치원을 하면서 아이들이 많이 변화되었기에 학부모들에게 좋은 반응을 얻게 되었고, 지역에 소문이 나면서 큰 홍보가 되었다. 유치원은 30-40명 정도로 운영을 하였다.

주산학원 역시 전도 목적으로 시작했다. 원장은 내가 하고 교사는 2인이 맡아서 하였다. 주산학원은 아이들이 나가서 자격증을 따서 부모님들에게 칭찬을 받게 되고, 태권도 등과 같이 하면서 정신적으로 산만했던 아이들이 달라지므로 부모들로부터 칭찬을 많이 받게 되었다. 기도로 시작하고 기도로 수업을 마쳤다.

결국, 체육관, 유치원, 주산학원 모두 군에서 군종을 하면서 배운 믿음으로 운영하였다. 군에서 배운 신앙은 나에게 큰 자산이 되었다. 특히 이사야 44장 1-5절 "너를 모태에서부터 지어낸 여호와가 너를 택했다."라는 말씀에 감동을 받고 큰 확신을 얻었다. 체육관을 시작할 때 내 나이는 26세였다. 체육관과 유치원, 주산학원을 운영한 것이 생업에 도움이 되어서 5층 아파트 안에 있는 아파트를 소유하며 살 수 있었고 목회자로서 목회하는 데도 큰 밑거름이 되었다.

이렇게 큰 성공 가운데 운영을 하던 중 대화재를 겪기도 했다. 영은교회 청년 중에 머물 곳이 없어서 체육관을 숙소로 내주었는데, 연탄을 갈아 끼우는 과정에서 다다미에 불이 붙으면서 화재가 크게 나게 되었다. 영등포 소방서와 양평동 소방서 소방차 7대가 출동하였다. 이 화재 사건을 통해서 또다시 신학에 대한 하나님의 부름에 순종하게 된다. 그동안 군에서 신학을 하라는 음성을 여러 번 들었던 것을 잊어버리고 있었는데, 화재가 동기가 되어서 중등부를 지도하시던 김중헌 전도사님의 권면으로 신학을 하게 되었다. 군 생활 중 결단했던 신학 공부를 다시 하기로 정하고 1978년도에 서울장신대학교에 입학하게 되었다. 신학교를 다니며 공부하는 중에도 하나님께서 은혜를 베푸셔서 체육관은 잘 되었다.

04. 서울 영은교회에서 청년회와 교회 학교 교사로 섬기다

1975년부터 78년까지 4년간 영은교회에서 중등부 총무와 청년부 선교부장으로 섬기면서 철야 기도를 인도하였다. 매주 금요일마다 저녁 10시부터 다음날 새벽 4시까지 새벽 기도를 했다. 당시 이용남 목사님이 시무하셨는데 1,200-1,500명 정도가 참석하였다. 새벽 기도회는 365일 중의 350일 정도는 참석하였다. 군대에서 가졌던 신앙을 그대로 가지고 열심을 내어 교회 학교 중등부 총무로서 충성 봉사하였다. 내가 가르치는 반만 해도 학생이 23명 정도 되었다. 교회 부흥과 더불어 중등부 학생이 총 190명 정도 되었다.

연탄가스 사고 이후에 군대에서 체험한 신앙의 연장선에서 하나님에 대한 사랑과 열정을 가지고 충성하였다. 이때까지만 해도 목회자가 되려는 생각은 없었다. 평신도 장로가 되어 충성하면서 목사님을 잘 받들어 교회를 섬기려고 하였다. 목회자가 되려는 결단은 결국 체육관에 난 큰 화재 사건이 계기가 되었다. 당시는 UBF(대학생 성경읽기 선교회) 출신으로서 성경 공부를 많이 했고, 1

년에 한 번씩 여름 수련회를 할 때 체육관을 휴관하고 UBF 수련회를 갈 만큼 신앙에 열심이 있었다.

한번은 소록도에서 수련회를 마치고 광주로 올라와서 기차 타고 서울로 와야 중등부 수련회를 할 수 있었는데, 서울행 열차표가 없었다. 그래도 주일에 꼭 교회를 가야 하기에 무작정 기차에 올라탔다. 다행히도 자리가 비면서 서울로 무사히 올라올 수 있었다. 지금 생각해 보면 이 모든 일은 여호와 이레 하나님께서 예비한 일이었다. 그만큼 그때는 신앙에 열심이 있었기에 순간순간 하나님의 세밀한 인도를 많이 체험하였다.

05. 서울 영은교회에서 부교역자로 섬기다

　신학을 공부하면서 1979년도 1월에 영은교회 부교역자로 사역을 시작하였다. 1988년 초까지 만 9년간 교회를 섬겼다. 83년도 여름에 수련회를 가면 많은 사람이 참석했다. 학생은 150여 명, 교사 20여 명, 식사 당번 12명 정도가 참석하였다. 그때 일어났던 일 중의 하나를 소개하고자 한다. 수련회 기간 내내 장마철로 3일간 비가 내렸다. 그래도 마지막 날 밤에 캠프파이어를 해야겠기에 '오늘 저녁에는 하나님의 기적을 보자.' 하고 저녁 7시 30분부터 8시까지 교사와 학생 임원들과 교무실에서 비가 그치기를 위해 합심 기도를 하였다.

　캠프파이어와 특별 예배를 통해서 은혜 받고자 간절히 기도했는데 도리어 비가 더 굵어져서 마음이 좋지 않았다. 그래도 기도했으니까 운동장으로 나가자 하니 학생들이 투덜거리면서 운동장으로 나왔다. 나는 마이크를 들고 찬송과 기도를 인도했다. 저녁 11시쯤 되자 운동장 넓이만큼만 별빛이 비쳤다. 옆에는 시커먼 구름으로 둘러싸여 있었는데 이런 특별한 체험을 하게 되니 놀라지 않을 수 없었다. 그야말로 하나님의 기적이 임했다. 교사와 학생들이 할렐루야를 외치면서 하늘을 쳐다보았다. 정말 기적 같은 순간이었다.

그때 참석한 교사와 학생 중에서 조성돈 교수, 이규민 교수, 김영삼 목사, 신재용 목사 등 여러 명의 신실한 목회자들이 배출되었다. 더 놀라운 사실은 내일의 일정도 있으니 이제 숙소로 들어가 자고 말했을 때였다. 그 말을 하고 책을 챙겨 돌아서기가 무섭게 하늘이 뚫린 것처럼 비가 억수같이 쏟아지기 시작했다. 아이들이 1분 안에 교실로 다 들어갔다. 실로 기적과 같은 일이었다. 그해 가을에 있었던 문학의 밤 행사의 내용은 전부 여름 수련회에서 체험한 간증과 고백으로 채워졌다. 이때 내가 느꼈던 제일 큰 은혜는 믿음과 기도의 확신이었다. 하나님은 반드시 기도하는 자의 기도를 들으시고 응답하신다는 것을 확실히 체험하였다.

영은교회 평신도 및 부교역자로 섬기던 20년 동안 많은 은혜를 경험했다. 부교역자 가운데 나겸일 목사와 김강 목사 등도 함께 사역했다. 전도사 7년, 부목사 3년을 하면서 500세대 심방, 교회 전체 교육부 담당, 사회부 담당 등을 하였다. 당시 개척이라는 것은 마음에 생각도 꿈도 꾸지 못 했다. 다른 목회지만을 생각하고 있었다. 86년부터 87년까지는 마음의 곤고함이 심했고, 말씀의 영적 의미도 잘 몰랐다. 그래서 87년에는 목회를 12월까지만 하고, 체육관만을 경영하면서 운동 정신과 신앙 정신으로 사회 지도자를 양성하려고 굳게 마음먹었다.

06. 갈라디아서 4장 5절로 속량의 큰 은혜를 받다

　이 세상에서 얻을 수 있는 부와 명예를 얻고 안락한 생활을 하고 있었지만 내 영혼에는 기쁨이 없었다. 영혼에 밝은 빛이 없는 상태에서 곤고한 생활에 너무 지쳐 살아갈 의욕을 찾지 못한 채 하루하루 지루한 삶을 살고 있었다. 그때 내 마음은 마치 로마서 7장 24절의 사도 바울의 고백인 "오호라 나는 곤고한 사람이로다. 이 사망의 몸에서 누가 나를 건져내랴."라고 고백했던 것과 같았다. 그리고 마태복음 5장 26절, "진실로 네게 이르노니 호리라도 남김 없이 다 갚기 전에는 결코 거기서 나오지 못하리라."는 말씀이 나를 사로잡았다. 특히 호리라는 말에 헤어 나오지 못했다. 이 말은 죄 중에 가장 작은 한 푼, 내게 허물과 죄가 해결이 안 되면 결코 지옥에서 나오지 못한다는 말처럼 들렸다.

　이런 상황에서도 매일의 새벽 기도회와 매주 금요 철야 기도를 하고 나면 어느 정도 마음이 시원하고 유쾌했다. 그러나 이런 기분도 잠시뿐 일상생활에서는 모든 죄가 마음에서부터 무거운 짐이 되었다. 이러한 일이 계속 다람쥐 쳇바퀴 돌 듯이 반복되고 있었다. 지도하던 학생들과 청년들도 이런 문제를 가지고 있었기에 통회 자백 기도를 시켰다.

　마틴 루터처럼 죄에 대해 진노하시는 공의로운 하나님 앞에 감히 설 수 없다는 죄책감으로 사로잡혀 고뇌하고 있을 때 하나님은 말씀으로 찾아 오셨다. 이 날은 내 평생 잊을 수 없는 거듭난 날이다. 영은교회 부교역자 10년의 끝자락인 1987년 11월 23일 오전 10시 47분경에 속량의 은혜를 받게 되었다. 집에서 성경을 읽고 있는데 갈라디아서 4장 5절의 "속량"(ἐξαγοράζω, to redeem)이라는 두 글자가 마음에 깊이 들어와 그동안 없어지지 않았던 죄가 속량이라는 단어를 통해 사함을 받는 엄청난 경험을 하게 된다. 십자가 복음을 문자적으로 알고 수없이 전했지만 그 대속의 은혜를 실제로 누리지 못했다. 그동안 지은 죄에 대한 죄책감으로 마음에 평화를 누리지 못한 영혼이 죄 사함을 받게 되는 놀라운 체험을 처음 갖게 되었다. 특히 이사야 44장 22절, "내가 네 허물을 빽빽한 구름같이 네 죄를 안개같이 없이 하였으니 너는 내게로 돌아오라. 내가 너를 구속하였음이니라."는 속량의 말씀이 마음속에 확증이 되었고, 예수 그리스도가 나의 구주로, 하나님이 나의 하나님으로 확신하게 되어 주와 하나님으로 믿게 되었다. 하나님의 말씀이 마음에 레마(ῥῆμα)가 된 것이다.

　속량의 은혜를 체험하고 너무 기뻐서 3일간 잠을 이루지 못했다. 말씀이 떠오르고 기뻐서 잠을 자지 못하였다. 지식으로 알던 말씀이 마음에서 생각나고, 기억되고, 영적으로 그 의미를 분명히 인식하고 알아듣는 놀라운 체험을 하게 되었다. 이런 은혜에 더하여 요한복음 6장 63절, "살리는 것은 영이니 육은 무익하니라. 내가 너희에게 이른 말은 영이요 생명이니라.", 요한복음 8장 56절, "너희 조상 아브라함은 나의 때 볼 것을 즐거워하다가 기뻐하였느니라.", 고린도후서 3장 6절, "그가 또한 우리를 새 언약의 일꾼 되게 만족하게 하셨으니 율법 조문으로 하지 아니하고 오직 영으로 함이니 율법 조문은 죽이는 것이요 영은 살리는 것이니라."는 말씀이 깊이 깨달아지면서 성경 말씀이 살아 역사하는 능력의 말씀이라는 사실을 깊이 마음으로 깨닫는 은혜를 누리게 되었다.

07. 무술 21단 등 모든 것을 다 내려놓고 목회자가 되기로 결단하다

내 인생에 잊을 수 없는 속량의 은혜를 받고 나니 이 복음의 비밀을 전하지 않을 수 없었다. 지금까지 생활하며 익숙했던 무술 21단의 모든 것을 다 내려놓고 목회자가 되기로 결단하였다. 그동안 깊이 알지 못했던 성경의 진리가 깨달아지는 은혜가 임했다. 교회가 무엇인지 교회가 무엇을 하는 곳인지 알게 되었다. 그때의 찬송은 285장이었다. "주의 말씀 받은 그 날" 3절에 "나의 본분 삼았도다"를 통해 목사의 본분과 사명, 복음이 무엇인지 알게 되었다. 시각장애인이 눈을 뜬 것처럼 복음의 능력이 이렇게 강력한지 잘 몰랐는데 영안이 열린 것이다.

이렇게 큰 속량의 은혜를 받고 나니 마귀도 가만두지 않았다. 사도 바울이 다메섹 도상에서 은혜 받고 그의 눈에 비늘이 벗겨지고 아나니아를 통해 안수 받고 성령 충만을 받았지만 그의 선교에 수많은 난관이 임한 것과 같은 상황이 찾아왔다. 오히려 교회 안에서 큰 영적 전쟁이 일어났다. 갈라디아서 말씀은 내 삶의 일기장과 같았다. 바울 서신이 깨달아지고 영적으로 말씀의 깊이를 더 알게 되니 말씀이 쉬워졌다. 나는 점점 더 복음의 사람이 되어 갔지만, 주변 사람들은 나를 이해하지 못했다. 도리어 시기 질투 핍박을 하면서 가만두지 않았다. 성경 공부반이 10개 정도 있었는데, 나는 11시 성경 공부반을 맡았다. 그런데 인원이 20명에서 30명, 50명, 70명, 100명, 120명, 150명으로 늘어났다. 복음의 능력을 깨닫고 은혜 받은 자에게 임한 놀라운 사역의 열매였다.

나는 부교역자였기에 담임 목사와의 갈등이 생길 수밖에 없었다. 그래서 다 내려놓고 사임하고, 제자 훈련을 하면서 필리핀 선교사로 가기로 했다. 영은교회에서도 필리핀 선교사로 가는 데 협력하기로 하였다. 오세철 목사, 고인이 된 송신호 목사, 박찬익 찬양 사역자와 함께 88년 12월 초에 필리핀을 가기로 준비했다. 개봉교회에서 파송 받은 고경진 목사는 이미 87년에 필리핀 선교사로 먼저 가 있었다. 그래서 필리핀 선교사로서 고경진 선교사와 함께 원주민 선교를 위해 체육관을 하면서 태권도 등을 가르치며 사역하려고 하였다.

선교사에게 필요한 영어 훈련을 필리핀에서 하려고 계획했다. 영어를 준비시킨 뒤 각자의 선교지로 파송하려는 계획도 있었다.

선교사 영어 훈련 본부를 필리핀에 두려고 한 것이다. 그런 계획을 세우고 철저히 준비했는데, 설상가상으로 가려고 했던 12월에 필리핀에 대홍수가 나서 선교사로 나갈 수 없게 되었다. 피해 기간도 길었다. 기다리는 시간이 점점 길어지니 당시 서울장신대학교 구약학 교수였던 김성규 교수가 한국에서 목회했으면 좋겠다고 하였다. 그래서 구로구 고척동 서림아파트로 이사하여 사택에서 처음 개척을 시작하게 되었다. 하나님의 뜻은 우리 인간의 계획과 달랐다.

2부 목양교회를 개척하여 목회하다

01. 속량의 은혜를 받고 목양교회를 개척하다

사도 바울이 아시아에 복음을 전하고자 했을 때 성령께서 그 길을 막고 유럽으로 가게 한 것(행 16:6-10)처럼 필리핀에 선교사로 가고자 한 길을 주님께서 막으시고 개척 목회를 통해 속량의 은혜의 복음을 전하도록 하셨다. 그래서 1988년 12월 25일에 목양교회를 개척하였다. 구로구 고척동 서림아파트에서 가족과 소수의 인원과 함께 성탄절 예배로 시작하였다. 말씀은 속량의 은혜를 받았던 갈라디아서 4장 5-7절을 전하였다. 7절, "나는 종이 아니고 아들이다."라는 말씀과 하나님으로 말미암아 유업을 받았으므로 그 유업을 나누고자 개척을 하였다. 율법 아래 죄의 노예로 살아가던 우리를 그리스도께서 오셔서 구원해 주신 이 사실 "속량"이라는 말씀이 너무나도 깊이 다가왔고 감격스러웠다. 하나님의 말씀이 구원의 능력이 있다는 것을 체험하였다. 그래서 말씀 중심으로 목회를 시작하였다.

첫 예배를 성탄절 감사 예배로 드린 후에 서림아파트에서 6개월간 매주 예배를 드렸다. 가족 이외에 은혜를 사모하는 몇 분들이 함께 참석하였다. 처음에는 주일 예배와 수요 예배만 6개월간 계속 드렸다. 아파트에서 예배를 드리는 관계로 여러 가지 제한이 있었지만, 속량의 은혜를 받은 감격으로 힘들거나 어렵다는 마음 없이 개척 초기를 아주 은혜롭게 잘 보냈다.

환경과 여건은 어려울 수도 있었지만, 속량의 큰 은혜를 받았기에 너무나도 감격스러운 마음으로 6개월간 예배를 드렸고, 말씀마다 레마가 되었기에 기쁨과 평강을 누리며 교회가 잘 운영되었다. 당시 자녀들은 11살, 8살, 6살이었다. 아이들도 은혜 중에 예배를 잘 드렸다. 처음에는 힘들었지만 6개월 동안 아내도 점차 속량의 은혜를 체험하면서 변화되었다. 그 후에 아내는 절대 순종과 기도로 동행하면서 내가 전한 말씀에 은혜를 받고 귀중한 동역자가 되었다.

사실 큰 교회에서 부교역자로 생활할 땐 모든 환경과 여건이 풍족하고 좋았기에 아무런 어려움이 없었지만 개척을 하고 나니 여러모로 어려움이 있었다. 그럼에도 불구하고 속량의 은혜가 너무 커서 마음에 큰 기쁨과 평안을 주므로 개척하면서 겪는 어려움은 전혀 문제가 되지 않았다. 속량의 은혜가 계속해서 기쁨과 평화를 주었다. 고린도후서 4장 6-12절 말씀대로, 어둠 가운데 빛이 비춰었다. 바울이 사방으로 욱여쌈을 당하고 어려움을 당하여도 부활하신 주님을 만나 이방인의 사도가 된 은혜가 너무나 컸기 때문에 그 어떤 힘든 상황에도 개의치 않았던 것처럼, 나도 개척 후에 많은 어려움이 있었지만, 속량의 은혜를 받고 목회를 시작하니 큰 어려움도 넉넉히 이겨나갈 수 있었다.

돌이켜보니, 내게 주신 속량의 은혜가 너무 커서 다른 사람도 그러한 은혜를 모두 받았을 것으로 생각했다. 그러나 나중에 알고 보니 그런 믿음을 소유하지 못하고 있다는 사실을 알게 되었다. 속량의 은혜는 많은 사람에게 주어지는 것은 아니었다. 그래서 그들의 믿음을 쉽게 인정하고 마음을 열기보다 믿음의 진단을 철저히 해야겠다는 교훈을 얻었다. 세상에서 가장 긴 여행은 머리에서 마음으로 가는 길이라고 한다. 하지만 지식은 속량의 은혜가 있는데 때로 마음은 그렇지 않다는 것을 알게 되었다. 마음 깊은 곳에까지 속량의 은혜를 경험한 자는 인격과 성품이 성화의 열매를 맺는다. 때론 어떤 성도에게는 속량의 복음이 쉽게 받아들여지지 않으므로 인내로써 목회해야 함을 깨달았다(욥 33:14-17, 빌 3:1). 현재 교회에 출석하는 목회자와 성도들 모두가 내가 체험한 속량의 은혜를 깊이 깨달았다면 한국 교회는 너무나 달라지지 않을까 생각한다.

02. 예배당을 신정동 상가로 이전하다

아파트에서 개척 후 6개월 뒤 예배당을 신정 4동 상가로 이전했다. 1989년 5월 21일이었다. 집에서 예배드리는 데 한계가 있었고, 주변의 아파트 소음 등으로 어려움이 발생하자 결국 상가로 이전하게 되었다. 상가에 나가서 예배를 드리면서 새롭게 교회가 시작되었다.

집 아파트에서 예배를 드리다가 상가에 나가서 교회를 시작하니, 마치 호수에 있다가 바다로 나온 듯한 기분이었다. 상가에서 6년 정도 지나자 교회가 부흥되었다. 부흥의 요인은 목사인 내 마음에 속량의 은혜로 기쁨이 넘쳤고, 또 교인들이 열심히 전도하여서 전도에 불이 붙으니 하나님의 은혜가 더욱 임하여 부흥하지 않을 수 없었다. 무엇보다 지속적으로 매주 성경을 가르쳤다. 속량의 은혜를 중심으로 성경 공부를 했다.

성경 공부 교재는 오직 성경뿐이었다. 성경 공부는 평일인 화요일, 수요일, 금요일에 했다. 새벽 기도 시간에는 창세기부터 차례

대로 강론하다가 출애굽기를 중점으로 강해했다. 출애굽기, 민수기, 신명기를 다루면서 이스라엘 백성의 광야 생활을 중점적으로 설교했다. 이스라엘 백성이 광야에 나와서 신앙 훈련을 받는 과정 속에 그들의 원망과 불평 등 참 믿음을 받기 전의 과정을 상세히 조명해 주었다. 매일 기적을 보면서도 깨닫지 못하는 신앙을 살펴보면서 그들에게 부족한 점이 무엇인지 점검해 주었다. 이스라엘 백성이 우상 숭배가 횡횡하던 애굽에서 나온 것같이 우리도 악한 영들이 지배하는 세상에서 죄의 노예로 살던 비참한 상태에서 속량 받은 하나님의 자녀라는 것을 중점적으로 설교하였다.

이때 장년 150여 명, 아이들 70여 명 출석할 정도로 부흥이 되었다. 공간이 부족했지만, 속량의 은혜 가운데서 상가 교회는 계속 부흥하고 성장하였다. 당시는 아무리 큰 어려움이 있어도 속량의 은혜를 받은 이후였기에 그러한 것들이 전혀 문제로 여겨지지 않았다. 지나고 보니 하나님의 크신 은혜였다. 교회가 부흥하자 성도들이 자발적으로 헌금을 많이 했다. 이 헌금을 통해 신정 2동에 155평 땅을 매입하게 되었다.

당시 성도들의 분위기는 모이기에 힘썼던 초대 교회와 같았다. 모임에 열심을 내었고, 사랑이 많았고, 기도를 많이 했고, 전도도 열심히 하였다. 교인들이 서로 교제하고 말씀을 나누었기에 사도행전 2장의 성령 강림과 초대 교회의 생명 얻는 회개와 같은 역사가 일어났다. 서로 받은 은혜를 간증하며 사귐으로 교회에서 점심을 시작하게 되었다. 주일 설교 말씀에 은혜를 받은 생명의 말씀으로 교제를 나누기 위해서 점심을 같이하게 되었다. 그런 분위기 속에서 성도들이 자발적으로 헌금을 했기에 신정 2동에 땅을 매입하여 이전하게 된 것이다.

상가 목회 6년을 하면서 내린 결론은 말씀으로 거듭난 역사가 확실하니 신앙이 더 깊어지고 말씀에 근거한 믿음이 더욱 견고해지면서 말씀을 통해 하나님의 살아계심을 더욱 체험하고 큰 은혜와 능력을 경험하니 교회는 생명력이 넘쳐나 부흥하지 않을 수 없다는 것이다. 그 결과 목회자인 내 자신이 아주 행복한 목회를 하게 되었다. 결국 개척 교회는 힘들지만 목회자 속에 먼저 구원에 대한 감격과 기쁨과 평강이 넘치면 목회는 힘든 일이 아니라 참으로 행복한 사역이라는 것을 뼈저리게 느꼈다. 결국 내가 한 것이 아니라 주님께서 큰 은혜를 주셔서 할 수 있었다. 바울의 고백인 고린도전서 15장 10절과 같이, "내가 나 된 것은 하나님의 은혜로 된 것이다."라는 고백을 하지 않을 수 없다.

03. 예배당 건축하면서 IMF 위기를 극복하고 큰 복을 받다

상가에서 6년간 목회를 한 후에 교회가 부흥하면서 신정 2동에 155평 땅을 구입하였다. 땅을 구입한 뒤 1995년 12월 25일에 예배당 건축 기공 예배를 드렸다. 그러나 건축할 재정이 턱없이 부족했다. 그 재정은 제2 금융권에서 대출을 받았다. 제2 금융권 대출로 인한 과다한 이자로 큰 어려움을 겪게 되었다. 설상가상으로 IMF 위기가 왔다. 이자가 24%까지 올라갔다. 이로 인해 교회 건축 중간에 큰 위기와 시련을 겪게 되었다.

이때 감사하게도 온 성도들이 기도로 매달렸다. 목회자인 나 자신도 하나님의 말씀에 사로잡힌 경건으로 하나님께 간절히 기도하였고, 성도들도 합심하여 비상 기도를 하였다. 재정의 위기 속에서도 믿음이 특심한 성도들은 적금 등 소중한 것들을 하나님께 드렸다. 국가 차원에서 금 모으기를 했던 것처럼, 교회도 목회자와 성도들이 합심하여 하나님께 자신의 재물을 아낌없이 바쳤다. 목회자인 나도 아파트를 교회 건축을 위해서 내놓았다. 체육관도 매각하였다. 또한 부모님으로부터 물려받은 토지 1600평도 처분하여 드렸다. 이렇게 할 수 있었던 것은 속량의 은혜를 받기 전부터 기도 응답을 많이 받았고, 가진 것 없이도 체육관, 주산학원, 유치원 등을 경영할 수 있는 큰 은혜를 입었기 때문이다. 사실 내가 이 땅에 빈손으로 태어나 하나님의 은혜로 얻은 모든 것들은 하나님의 것이지 내 것이 아니지 않은가. 그런 까닭에 내가 가진 재물을 하나님께 드리는 것이 전혀 아깝지 않았다. 그래서 하나님께서 주신 풍성한 물질의 축복을 결국은 성전 건축을 위해 다 드리게 되었다. 참으로 감사한 일이다. 무엇보다 성전을 건축하면서 하나님이 주신 가장 큰 복은 성경 말씀이 내게 영적으로 깊이 깨달아졌다는 것이다. 그리고 그 말씀 깨달음의 감격을 가지고 성도들을 양육하는 데 조금도 어려움이 없었기에 제자 훈련을 시작하게 되었다. 목회자에게 이것만큼 큰 은혜는 없을 것이다.

04. 제자 훈련을 하다

목양교회에서 30여 년간 사역하면서 주님의 명령(마 28:19-20)을 따라 제자 훈련을 충실히 하였다. 제자 훈련의 주제 역시 '속량의 은혜'였다. 예수님은 혈육으로 오셔서 죽음의 세력을 잡고 있는 마귀를 멸하셨다는 것을 깨닫게 되었고, 이를 통해 아브라함의 자녀들을 붙들어 주신다는 것을 깨닫고 가르쳤다(히 2:14-16). 영적으로 아브라함의 후손인 우리 또한 그리스도의 제자로서 장성한 분량의 믿음을 소유한 데까지 나아가야 함을 가르쳤다. 곧 신앙 성장과 성숙에 대해 집중해서 가르쳤다(엡 4:11-16). 특히 목회자인 내가 말씀에 점점 더 은혜를 받고 깊이 체험하게 되자 성도들도 속량의 은혜를 체험하게 되었다.

이때부터 성경 말씀 교재를 만들어서 가르쳤다. 『성경이 무엇을 말하느냐』는 로마서 4장 3절에 '성경이 무엇을 말하느냐'는 말씀을 기반으로 만들었다. 아브라함의 믿음을 가르쳤다. "다 이루었다"는 요한복음 19장 30절을 시작으로, 예수님이 오신 것은 아버지의 뜻을 행하려 함이었으며, 아버지의 뜻은 "아들을 믿는 자마다 영생을 주는" 것임을 증거 했다(요 6:38-40). 또한 예수님은 율법과 선지자를 폐하러 온 것이 아니고 온전하고 완전하게 하려고 하는 것임을 가르쳤다(마 5:17-18). 예수님은 세상 죄를 지고 가는 하나님의 어린 양임을 분명히 가르쳤다(요 1:29). 신구약 성경이 말하는 진리는 죄인인 인간을 구원하기 위해서 예수님이 이 땅에 오셔서 대신 십자가에 죽으셨다는 사실이다. 그리고 그 은혜로 구원받은 자들은 모두 하나님의 백성으로 토라(תּוֹרָה)를 따라 거룩한 삶을 살아야 한다는 것이다.

제자 훈련을 통해서 목회자인 내가 깨달은 것은, 십자가 복음과 거룩한 삶을 성도들에게 가르치니 생명의 복음의 빛 비췸을 받고 거듭남의 역사가 일어날 뿐 아니라 삶의 변화가 일어났다는 사실이다. 복음의 빛 안에 자유함을 누리며 하나님의 백성이 되니 예수님의 제자들이 날로 늘어나 교회도 자연스럽게 부흥하였다. 제자 훈련을 바로 하니 나의 제자는 하나도 없었다. 모두 주님의 제자, 주님의 양이 되었다. 내 제자, 내 양은 하나도 없었다. 이것이 바른 제자 훈련이 아닌가?

내가 목양교회에서 제자 훈련을 하면서 깨달은 점들은 아래와 같다.

1. 성경은 100% 하나님의 말씀이다(딤후 3:16).

2. 믿음은 그리스도의 말씀으로 생긴다(롬 10:17).

3. 성령님의 역사 없이는 하나님의 말씀을 온전히 깨달을 수 없다(요 14:26).

4. 하나님을 간절히 갈망하고 사모하지 않으면 안 된다(시편 42:1).

5. 진리의 말씀에 대한 갈증과 목마름을 가진 자여야 한다(암 8:11-13, 요 7:37-38).

6. 율법과 죄를 알고 회개하고자 하는 간절함이 있어야 한다(렘 4:14; 36:3; 42:6; 44:23, 롬 3:20-24, 행 2:37-38.).

7. 선지자들의 예언된 말씀을 받아들여야 한다(눅 24:25-27, 44-49).

8. 가난한 심령이 되어야 한다(마 5:3).

9. 성령을 받고자 하는 자는 찾고 구하고 두드리는 간절한 기도를 해야 한다(눅 11:9-13).

10. 두 주인을 절대 섬길 수 없다(눅 16:12-13절 말씀대로 재물과 하나님을 겸하여 섬길 수 없다).

05. 성막 세미나로 예수 그리스도의 속량을 전하다

2000년부터 성막 세미나로 예수 그리스도의 속량을 목양교회에서 전하기 시작했다. 성막 세미나 내용은 서울장신대학교 겸임 교수를 12년간 하면서 목회자 후보생들을 가르쳤던 내용이다. 학교와 목양교회에서 가르쳤다. 항존직, 평신도, 신학생, 목회자 등을 대상으로 가르쳤다. 그리고 여러 교회들의 초청으로 전국적으로 성막 부흥회를 하게 되었다. 성막 세미나는 국내뿐 아니라 캐나다, 미국, 중국, 네팔, 인도, 두바이, 일본, 사이판, 괌 등에서도 하였다.

성막 부흥회를 통해 예수 그리스도의 속량을 전하였던 핵심 내용은 다음과 같다.

첫째는 말씀으로 돌아가자.
성막 부흥회의 핵심적 내용은 성경으로 돌아가자는 것이다. 말씀으로 돌아가야 거기서 하나님의 음성을 듣고 거듭날 수 있고 믿음이 견고히 서기 때문이다. 성령은 말씀과 함께 사역한다. 진리의 말씀이 온전히 선포되는 곳에 성령은 역사하며 말씀에 순종하면 성령을 받는다.

둘째는 예수님을 인격적으로 만나 교회 중심의 삶을 살자.
일상생활에는 본업이 있고 부업이 있는데, 하나님 중심, 그리스도 중심이 된다는 것은 결국 그리스도 예수 안에서 교회 중심이 본업이 된다는 것이다.

셋째는 목회자가 성경 66권의 맥을 정확히 잡자.
성경의 통일성과 다양성, 신구약 성경의 연속성과 불연속성, 하나님 나라와 언약, 토라, 예배 등이 어떻게 유기적으로 연결되어 하나님의 구원 경륜을 이루고 있는지 계시의 발전사를 정확히 이해하고 있어야 한다. 무엇보다 목회자는 하나님께서 우리에게 말씀하시고자 하는 의도를 정확히 바로 알아야 한다. 성경 말씀을 바로 알고 그 말씀대로 목회를 해야만 자신의 목회가 아니라 하나님이 원하시는 목회를 할 수 있기 때문이다. 특히 신구약 성경을 통해 계시하고 있는 인간의 죄와 구원 문제, 생명 얻는 회개와 그 이후 성도를 말씀으로 잘 양육하기 위해서는 성경의 도사가 되어야 한다.

넷째는 성막에 계시된 예수 그리스도를 통해 성도가 신적 성품으로 변화되자.

성령의 역사로 내적 변화가 없으면 신앙생활에 아무런 소용이 없다. 갈라디아서 2장 20절 말씀대로 십자가 아래 내가 죽고 그리스도를 주로 모시고 믿음으로 사는 새 백성이 되었으니 주님의 백성답게 거룩하게 사는 삶의 변화가 있어야 한다.

다섯째는 성막에 계시된 예수 그리스도를 인격적으로 만나 전도, 봉사, 섬김의 삶을 살자.

가정의 복음화와 교회에서의 신실한 일꾼이 되도록 한다. 담임목사의 목회를 협력하는 신실한 일꾼이 되게 한다. 성막 세미나를 하는 이유는 나처럼 속량의 주님을 확실히 만나 변화되어 주님의 제자로 거룩하게 살도록 하기 위함이다.

예수님이 십자가 위에서 "다 이루었다."라고 말씀하셨을 때, 성전 휘장이 위에서 아래로 찢어졌다(마 27:50-51). 성소와 지성소를 분리하던 휘장이 찢어진 것은 그리스도께서 성도들이 직접 자신을 힘입어 하나님의 존전에 나아가도록 만드셨음을 상징한다.

히브리서 기자는 편지를 받는 성도들에게 예수 그리스도께서 우리를 위해 십자가에 달려 피 흘려 죽으신 사역으로 인해 누구든지 자유롭게 하나님 앞에 나아갈 수 있게 되었다는 사실을 선포한다.

구약 시대에 하나님을 만나는 임재의 장소는 하늘의 지성소의 그림자와 같은 땅에 있는 지성소였다. 지성소에는 오직 1년에 한 번 대속죄일에 대제사장만이 들어갈 수 있었다. 대제사장이라고 하더라도 거룩하신 하나님이 임재하시는 지성소에 함부로 들어가면 죽임을 당했다. 지성소에 들어가기 위해 대제사장은 자신을 위해 수송아지를 속죄제물로, 숫양을 번제물로 드리고, 이스라엘 회중들을 위해 숫염소 두 마리를 속죄제물로, 숫양 한 마리를 번제물로 드려야 했다. 그리고 제물로 드린 짐승들의 피를 가지고 지성소에 들어가 속죄소에 뿌렸다(레 16:3-22).

그런데 우리의 영원한 대제사장이신 예수님은 동물의 피가 아니라, 예수님 자신의 피를 가지고 하늘에 있는 지성소로 들어가셨다. 그러므로 이제 예수님의 피로 죄를 용서받고 성령을 받아 예수님과 연합된 주님의 백성은 담대하게 하나님 앞에 나아갈 수 있게 되었다(히 10:19). 지상의 지성소로 가는 길은 휘장으로 가려져 있었다. 부활하신 예수님은 새 언약 백성인 우리가 생명의 근원이신 하나님께로 가는 길을 휘장 가운데 열어주셨다. 히브리서 기자는 휘장이 곧 예수님의 육체라고 말한다. 예수님의 육체가 십자가에서 찢기심으로 우리가 하늘의 지성소로 들어가 하나님께 나아갈 수 있게 된 것이다(히 10:19-21).

우리를 위해 십자가에 달려 피 흘리시고 죽으신 예수님은 위대한 제사장이시다. 예수님은 하늘 지성소에 들어가셔서 왕권을 가지신 제사장으로서 하나님의 보좌 우편에 앉아 계시며, 하나님의 집, 곧 하나님 나라의 백성을 다스리신다. 그러므로 그리스도를 주로 믿는 교회는 그리스도 안에서 담대하게 하나님 앞에 나아가 예배할 수 있게 되었다. 그리스도 안에서 새 언약 백성은 예수님의 피가 뿌려져 악한 양심으로부터 벗어나 참된 마음을 갖게 되었다. 맑은 물로 몸을 씻은 것처럼, 우리의 전 존재가 정결한 상태가 되었다. 그래서 히브리서 기자는 하나님이 예수 그리스도의 십자가 사역을 근거로 약속해주신 구원을 온전히 믿음으로 하나님께 나아가자고 권면한다(히 10:22, 히브리서 10장 19-25절/ 매일성경 큐티 말씀 참고). 할렐루야!

죄인인 우리가 언제든지 그리스도의 속량의 은혜를 힘입어 히브리서 10장 22절의 말씀과 같이 하늘 지성소에 계신 거룩하신 하나님 앞에 참 마음과 온전한 믿음으로 하나님께 나아가 하나님을 만나고 예배하고 그를 경배하고 찬양할 수 있으니 이 얼마나 영광스럽고 감사한 일인가. 성막 세미나를 통해 십자가 속량의 은혜를 정확히 전할 수 있기 때문에 앞으로 이 세미나를 계속하고 싶다. 사도 바울처럼 측량할 수 없는 그 십자가 사랑을 영원히 자랑하지 않을 수 없다. 삼위 하나님께 모든 영광과 존귀와 찬양 경배를 올려 드린다.

06. 선교에 문이 열리다

우리 교회는 주님이 땅끝까지 복음을 전하고 제자 삼으라는 명령을 따라 해외로 눈을 돌려 선교하기 시작했다. 선교에 문이 갑자기 열렸다. 아파트에서 시작한 목양교회가 상가로, 상가에서 성전 건축으로 성장 발전하자 선교를 하지 않을 수 없었다. 첫 선교의 시작은 중국 선교였다. 한·중 수교 전 중국을 방문하기 위해서는 친척 초청이 있어야 했다. 친척 초청으로 중국에 들어간 것이 1990년이었다. 중국에 들어가서 친척에게 복음을 전하자 그들이 사람들을 모아 주었다. 그래서 다시 중국으로 가서 3일간 속량의 은혜에 관한 말씀 집회를 하였다. 이때 조선족이 통역을 하였다.

1992년도에 중국과 수교가 체결되어 연길교회를 갔다. 3일간 저녁 집회를 하였다. 연길교회 담임은 김성한 목사님이었다. 당시 연길교회는 교인 250여 명 정도 모이는 그곳에서 가장 큰 교회였다. 지하에서 밖으로 나온 큰 교회였다. 그 교회가 은혜를 받자 거기서 또 도문교회로 연결해 주었다. 도문교회에서도 집회를 하였다. 말씀 집회는 계속 이어져 도문교회 인근 교회에서도 집회를 했다. 집회를 통해서 그들이 새로운 은혜를 받고 나니 호응이 대단하였다. 집회 중에는 공산당 당원들이 뒤에서 지키고 있었다. 그래도 하나님의 은혜와 섭리로 큰 문제는 없었다. 중국을 그렇게 20번 정도 다니면서 집회를 통해 속량의 은혜를 함께 나누었다. 얼마나 감사한지 모른다.

2000년 8월에는 중국 백두산 인근 산속에서 120명 정도와 함께 3일간 제자 훈련을 했다. 그때 북한 사람들이 7명 정도 참석했다. 북한에서 넘어온 아이들도 복음을 들었다. 우리 교회는 최영수 목사가 그들을 위한 교회를 세우고 사역하도록 지원해 주었다. 지금도 중국 청도에 교회가 있다. 우리 목양교회가 북한 선교를 후원하는 계기가 되었다. 지금도 후원을 계속하고 있다.

그 다음은 네팔 선교로 길이 열렸다. 네팔에 가서 3박 4일간 제자 훈련을 하였다. 네팔은 4회 정도 방문하였다. 인도는 3번 정도 방문하였고, 두바이는 3번, 필리핀, 일본, 미국, 캐나다 등에도 복음을 전하는 길이 열렸다. 주로 전한 말씀은 속죄함과 속량의 은혜였다. 생명 얻는 회개를 전하였다. 중동의 두바이 같은 경우, 이슬람 지역인데 큰 집회를 하였다. 200여 명이 참석하였다. 종교 집회는 불가능한 지역이었지만 하나님을 의지하고 비밀리에 집회를 하였다.

내가 경험한 선교를 요약하면 이렇다. 첫째는 속량의 은혜를 전하고, 둘째는 그들이 자립하도록 섬겨주며, 셋째는 아름다운 사랑의 교제를 나누는 것이다. 시편 133편의 말씀처럼 형제의 연합과 같은 사랑의 교제를 나누는 것은 언제나 필요하다. 선하고 아름다운 교제를 나누는 것이다. 넷째는 지속적인 관계를 맺어가는 것이 중요함을 배운다. 속량의 은혜로부터 시작해서 생명 얻는 회개, 주 안에 있는 믿음, 그리스도의 장성한 분량으로의 믿음의 성장 곧 구원에 이르는 길과 그리스도인의 삶에 대해서 구체적으로 가르쳤다. 뿐만 아니라 그리스도인의 인격과 성경적인 교회도 가르쳤다.

2021년 현재 목양교회는 사이판에 원주민 선교를 위해서 9년 전 교회를 세우고 선교사 가족을 파송하여 지원하고 있다. 1년에 3차례 정도 방문하여 원주민을 대상으로 제자 훈련을 하고 있다. 사이판을 기점으로 괌에도 목양교회를 개척했다. 현지 목사가 교회 예배당을 빌려서 예배를 드리고 있다. 이 교회가 자립하여 복음을 효과적으로 전하도록 하기 위해 계속 후원하고 있다. 필리핀에도 여러 차례 가서 재정을 지원하고 제자 훈련을 하였다. 결국 선교는 그들과 같이 음식을 먹고 교제하면서 천국 잔치를 베풀어 주는 것이 중요함을 알게 된다. 교회는 이 땅에 매일 천국 잔치가 벌어지는 잔칫집이 아닌가. 또 중요한 것은 원주민 목사님들을 한국에 초청하여 한국 교회를 방문하게 하고, 한국 교회의 영적 리더십을 배우게 하고, 그들의 육신의 병을 치료받게 해주며, 건강한 성경적인 목회 현장을 보게 해주는 것이라 생각한다.

07. 탈북민 선교를 하다

　남북이 분단 된지가 어언 72년이 넘어간다. 오늘도 북에는 자유 없이 수많은 사람들이 고통의 세월을 보내고 있다. 현재 자유를 찾아 우리나라에 온 탈북민들은 3만 명이 넘는다. 이런 탈북민들을 보면서 그들을 돕는 탈북민 선교를 시작하였다. 동기는 군에서부터이다. 1972년도에 최전방 양구에서 군 생활을 하면서 북한 소식을 많이 듣게 되었고 북한을 바라보면서 기도하기 시작하였다. 그리고 전역 후에 북한 선교를 위해서 숭실대학교 통일정책대학원에 들어가 공부하였다. 논문 주제가 "통일을 대비한 기독교 교육과 선교의 방향"이다. 대학원에서 공부하면서 탈북민 선교에 더욱 관심을 두기 시작하였다.

　통합 측 총회 97회기 때 통일선교대학원이 세워졌다. 북한 선교를 위한 통일선교대학원이었다. 당시 학장으로 섬겼다. 그때 장신대학교에서 공부하고 있는 탈북자 학생들에게 장학금과 음식 대접을 위해서 모임을 개최하였다. 거기서 송혜연 학생을 만났다. 대화를 해보니 탈북자를 위한 개척의 소명이 아주 강하였다. 그래서 바로 당회를 열고 교육관 5층을 주어서 사역을 하도록 지원하였다.

그렇게 하나목양교회가 시작되었다. 담당은 송혜연 전도사였다. 2012년도에 시작해서 지금도 잘 성장하고 있다. 영등포 노회에 가입하여 탈북자를 위해서 중요한 목회를 잘 감당하고 있다.

앞으로 남북통일과 북한 선교에 대해서 이렇게 생각하고 계속 기도한다.

첫째는 탈북자가 3만 명 이상이 되는데, 통일되면 북한에 교회를 세우겠다고 수십 년간 헌금해서 모아놓은 교회들이 많은데 그런 자금을 가지고 탈북자를 위한 신앙 교육을 해주어야 한다. 또 목회의 소명이 있는 탈북자들을 지도자로 세워 탈북자를 위한 교회가 되도록 후원해야 한다. 나중에 통일 이후에 하려고 하지 말고 지금, 즉시 현재 해야 한다. 한국에 온 수많은 탈북자들부터 먼저 도와야 한다.

둘째는 그런 탈북자 교회에서 신학생이 많이 양성되어야 한다. 현재 북한에서 넘어오는 사람들을 발굴하여 지도자로 잘 훈련해

놓으면 그들이 통일 이후에 북한에 가서 교회를 잘 세울 수 있을 것이다. 우리는 미래 통일을 위해 인재를 키우는데 헌신해야 한다.

셋째는 탈북은 했지만 현재 한국에 오지 못하고 중국에 거주하지만, 주소도 없고 인권이 보장되지 않고 불안한 삶이 지속되어 비참한 상황에 있는 분들을 계속 후원해야 한다. 하나목양교회에서도 이 사역을 계속하고 있다.

넷째는 통일과 북한 선교를 위해서는 탈북자들이 속량의 은혜를 받게 해야 한다. 그들이 십자가 대속의 은혜를 받으면 거기서 사명이 생기고 자신의 동족을 위해 복음을 전하지 않을 수 없을 것이다. 그들을 위해 한국 교회가 앞장서서 복음을 전하고 기독교 교육을 해 주어야 한다.

3부

임준식 목사와
제자 훈련을
함께 한 분들의 간증

1. 빛이 있으라

임 에스더
(임경희 사모)

2006년 1월 "땅이 혼돈하고 공허하며 흑암이 깊음 위에 있고 하나님의 영은 수면 위에 운행하시니라. 하나님이 이르시되 '빛이 있으라' 하시니 빛이 있었고."라는 말씀처럼 제자 훈련을 시작하고부터 내 인생에 빛이 비취는 터닝 포인트가 찾아왔다. 말씀이신 하나님을 만나는 은혜의 시간을 경험했기 때문이다. 하나님이 처음 세상을 창조하실 때 땅은 혼돈과 공허 흑암의 어두움의 깊음 가운데 있었고 하나님의 신이 운행하시며 빛이 있으라 하셨다. 그 칠흑 같은 어두움에 빛이 들어와 어두움이 물러가는 일 이것이 창조의 일이었다. 이 빛의 역사가 내 마음에 임하였다. 하나님의 창조의 역사가 내면을 뚫고 들어왔다. 채워도 채워도 채워지지 않는 불안하고 공허한 마음에 말씀이신 하나님이 들어와 어두움이 물러가고 빛으로 채워지는 놀라운 일이 제자 훈련을 통해 이루어졌다. 할렐루야!

　모태 신앙으로 교회 울타리 안에서 성장한 어린 시절, 그리고 교사 성가대로 봉사하던 청년 시절을 보내며 교회 공동체를 섬겼지만 나 자신의 이중성은 숨길 수 없었다. 교회 안에서는 웃으며 봉사하며 잘 섬겼는데 집에 가면 힘들고 짜증이 나고 누군가를 질투하곤 했다. 지금 와서 생각하면 내면에 성령의 기름 부음으로 인한 기쁨과 감격 없이 내 힘으로 했던 봉사였기 때문에 힘들었던 것이다. 그런 신앙의 과정들 속에서 자신의 내면의 부족함과 곤고함으로 괴로워하지 않을 수 없었다. 가난함이 있었다. 특별 집회에 가면 기도 시간에 하염없는 눈물이 흐르고 은혜를 받은 것 같으나 마음에 공허함으로 힘들었다. 사랑의 근원이신 하나님에게서 떨어져 나온 존재였기에 사랑의 근원과 새로운 관계를 맺고 싶은 존재론적 공허함이 있었던 것이다. 대학교 대학원 학문의 배움으로도 내 내면의 은밀한 죄를 해결하지 못하던 차에 "빛이 있으라"는 주제로 열린 말씀 집회에 참석했다.

　그곳에서 말씀을 들으며 창세기 1장의 말씀 "땅이 혼돈하고 공허하며 흑암이 깊음 위에 있다."라는 말씀에 세상의 땅이 내 마음의 땅과 같다는 느낌, 내 마음 상태를 설명해 주는 느낌이었다. '아,

맞다! 내 마음도 그런데…. 밑 빠진 독에 물 붓는 것처럼 나 혼자 열심히 노력해도 안 되는 죄의 문제, 세상 학문으로도 해결할 수 없는 것이 사람이구나!'라는 사실을 깨달았다. 말씀을 듣는 첫째 날, 둘째 날, 로마서 8장 1-2절 말씀과 베드로전서 1장 23절 말씀이 내 내면을 채워주시는 선물로 다가왔다. 그러면서 말씀을 읽는데 그 말씀이 얼마나 달콤하고 좋은지 경험해 본 사람은 알 것이다.

하나님이 만드신 양심과 죄에 대한 송사함, 송사함과 정죄로부터 눌리고 눌려 있던 영혼이 로마서 8장 말씀을 듣고 자유함을 누리는 순간은 맛보지 못한 사람은 알 수 없을 것이다. 묶이고 포로되어 있던 곳에서 놓임을 얻은 영혼의 해방감은 너무나 큰 감격이었다. 그 이후 성경을 읽으며 맛본 진리, '주의 말씀이 내 입에 어찌 그리 달고 오묘한지요'라는 고백이 저절로 나오게 되었다. 이후 성막 세미나를 통해 물두멍이 주는 씻김의 역할에 감동하여 헌물 헌금을 하기도 했다.

성령을 받고 가장 크게 나타난 변화는 내가 말씀을 대하는 태도, 아니 말씀이 나에게 말을 걸어오는 것이었다. 성령의 기름 부음의 은혜가 임하자 하나님의 말씀이 깊이 깨달아지는 것, 이것이 가장 큰 변화일 것이다. 2006년 영적 거듭남 이후 2018년 지금 나에게는 12년간의 영적인 성숙함이 말씀을 통해 이루어졌다. 하나님의 말씀에 내 신앙의 뿌리를 깊이 내리는 시간이었다. 말씀으로 약속하시고 그 약속을 이루시는 언약에 신실하신 하나님을 경험하는 시간도 있었다.

또 7년이 넘는 타국 생활을 하는 동안 날마다 말씀 앞에 머물도록 하시고 내면을 채우시고 내면을 강건케 하시며 힘 주시는 말씀의 힘을 경험할 수 있었다. 날마다 말씀이신 하나님을 만남으로 마음에 생기는 담대함, 두려움 없는 사랑이 타국에서의 내 삶을 지탱해 주었다. 목양교회 제단에서 흘러나오는 말씀을 들으며 말씀 앞에 머무르며 자녀를 낳고 그 자녀들에게 든든한 울타리가 되어 주며 사랑의 사람으로 조금씩 조금씩 변화되어 가고 있다. 말씀은 내 인생을 인도하는 내비게이션과 같은 역할을 한다. 또 목양 제단에서 흘러나오는 말씀은 내 인생의 중심을 잃지 않게 하는 푯대와도 같다.

설교자를 통해 듣는 말씀, 또 개인적으로 읽고 묵상하는 말씀이 없었다면 아마도 내 인생은 너무나 허무하고 힘들었을 것이다. 마음의 공허함으로 애통해 하는 자에게 주시는 귀한 보배의 말씀 선물, 이것이 바로 하나님이 우리에게 주실 수 있는 최고의 선물일 것이다. 그 선물을 받아 지금까지 살게 하신 하나님께 또 귀한 말씀을 전해주시는 목사님께 참 감사를 드린다. 또한 육신의 아버지가 영의 아버지가 되어 주셔서 귀한 사랑을 알게 하심에 감사하다. 나 또한 그런 인생을 삶을 살아야겠다는 생각을 다시금 하게 된다.

육신으로 낳은 자녀 영적인 자녀로 해산하기까지 하나님께서 힘 주시고 능력 주시길 간절히 기도한다. 네 명의 자녀를 키우며 많은 훈련과 연단을 받았다고 생각했는데 불쑥불쑥 튀어나오는 혈기를 보며, 내가 이렇게 고생하는데 알아주지 않다니 남편에게 섭섭한 마음을 화로 표현하는 나 자신을 보며 아직도 갈 길이 멀다는 것을 생각한다. 어떻게 하면 내 마음을 온유한 심령으로 주님 주시는 마음으로 표현할 수 있을까를 고민하며 예수님의 성품을 닮기를 간절히 기도한다.

이제는 나에게 영적인 자녀를 낳기 위해 해야 하는 해산의 수고가 남아 있다. 말씀 앞에 머무르며 내 내면을 아름답게 가꾸고, 사람에게 사랑 받고 사랑 주는 사람이 되기 위해 매일매일 만나를 먹는 일에 소홀하면 안 될 것이다. 또 그 먹은 만나를 열심히 먹이고 싶다. 나눌 때 주시는 기쁨을 맛보기 위해…. 교회는 천국을 경험하는 곳이다. 나 자신이 경험한 천국을 내 주변에 있는 사람들에게 경험하도록 도와주고 싶다. '하나님 천국을 보여주세요. 알게 해주세요. 제 내면에 오랫동안 기억나게 해주세요. 그리고 하나님의 은혜 가운데서 행복하게 살 수 있도록 도와주세요.' 열국의 어미가 되어 묶이고 포로 된 자에게 주님이 주시는 진리의 자유함을 맛보게 하고 나누도록 도와주세요. 그리고 죄로 인해 애통해 하며 하나님의 성품을 더 닮게 해달라고 간절히 기도하고 성도를 축복하고 사랑하며 섬기면서 아름다운 교회 공동체를 만들어 가고 싶다. 29살 참 예쁜 시절 하나님은 말씀으로 나를 만나주셨고, 사랑으로 자녀를 낳게 하시고 기르게 하시고, 부모님을 떠나 홀로서기의 훈련을 시키셨다.

지금은 다시 고향에 돌아와 '하나님, 저도 주일 학교에서 말씀 전하고 찬양하고 기도하는 교회를 섬기는 사람으로 살고 싶어요.'라는 간절한 기도 제목을 갖게 되었다. 야곱이 고향을 떠나 타향살이를 하며 이룬 대가족 다시 그 가족이 고향에 돌아와 처음 제단을 쌓았던 벧엘에서 다시 예배의 제단을 쌓았던 것처럼 내가 만났던 하나님의 말씀을 자녀들에게 들려주며 예배의 감격과 감동을 함께 나누고 싶다. 하나님이 은혜 주신 그곳에서….

2. 내 인생의 롤 모델이 되신 목사님

최영수 선교사

임준식 목사님과 저의 만남은 어언 16-17년이 다 되었습니다. 그동안 받은 사랑은 이루 다 말할 수 없습니다. 그리고 받은 은혜와 감동은 저로 하여금 목사님을 저의 롤 모델로 삼기로 작심하게 하였습니다. 목사님과의 첫 만남에서 받은 인상은 과묵함과 온유하심과 아낌없는 배려와 그리고 말씀 전하실 때의 단호함과 진실함이었습니다.

목사님의 과묵함은 말수 적음이 아니라 말씀을 증거하시기 위한 주님과의 교제의 시간이었으며 또한 성령님의 인도하심에 사로잡히시기 위한 묵상의 시간이었음을 이후에 알게 되었습니다. 세상 것에 관심을 가지고 입에 침이 마르도록 떠들고 열을 올리는 저희의 모습을 돌아보게 하셨습니다. 특히 목사님의 온유하심은 저로 하여금 온유가 무엇인지를 알게 하셨습니다.

저는 수많은 선교사님을 만났고 교제를 해 왔습니다. 그렇지 않으신 분들도 있지만 많은 분들은 자신의 의지를 내세우고 현지 사역자들에게 자신만을 따를 것을 요구하셨습니다. 그러므로 상처 입고 외면하는 이들도 적지 않습니다. 저도 그중의 한 사람이었습니다. 하여 선교란 이런 것인가 하고 회의를 느끼기도 하였습니다. 목사님을 만나고 그러한 편견이 깨어졌습니다. 상대방의 말에 귀를 기울이고 되도록 상대방을 배려하고 마음속 깊은 곳의 사랑으로 품어주시고 아낌없이 내어주시고 위로하시는 모습은 언제나 감동적이었습니다.

임준식 목사님과의 첫 만남은 늦은 가을이었습니다. 30평도 안 되는 아파트에는 40여 명의 목회자가 모여 제자 훈련을 받게 되었습니다. 첫 만남의 시간에 목사님께서는 두 손을 드시고 "빛이 있으라."고 하셨습니다. 저희에게는 조금은 특이하다고 생각되었습니다. 이런 인사말은 처음이었습니다. 그런데 싫지가 않았습니다. 도리어 마음에 한 줄기의 빛이 임하는 느낌이었습니다. 그도 그럴 것이 우리 공동체의 대부분은 농촌에서 농사를 지으면서 농촌 교회에서 목회를 하고 있는 사람들이라 한창 바쁜 가을걷이에 영적으로 육적으로 모두 메마르고 지쳐 있는 상태였습니다. 그들의 얼굴에는 지친 기색이 가득하였고 피곤한 눈은 그늘로 가득하여 빛을 잃어 있었습니다. 이들의 지친 모습을 보시고 목사님께서는 가지신 것 모두를 내어놓으시고 저희가 잘 먹고 힘을 얻게 하셨습니다.

목사님의 강의 주제는 "빛이 있으라"였습니다. 하루가 지나고 이틀이 지나고 이제 좁고 어두운 방에는 빛으로 가득하였습니다. 제자 훈련이 있었던 장소는 사람들의 이목을 피해야만 하였으므로 반드시 조용해야만 했습니다. 특히 저는 그때 심히 교만한 상태에 있었습니다. 선교사님들에 대한 편견과 교만은 하늘을 찌르고 있었습니다. 처음에는 별로 새겨듣지도 않고 있었습니다. 그러나 겸손하게 말씀 전하시는 목사님의 모습과 목사님 안에 있는 그리스도의 빛이 점차 저의 가슴으로 영혼의 깊은 곳으로 파고들어 왔습니다. 저의 오만함과 거짓됨이 드러나면서 극심한 고통과 함께 저의 온몸은 전율하였습니다. 그때에야 알았습니다. 내게는 그 빛이 없었다는 것을 말입니다.

태초에 하나님께서 "빛이 있으라." 하셨고 그 빛이 만물의 생명의 근본이 됨같이 예수 그리스도의 생명의 빛이 내 안에는 없었음을 알게 되었습니다. 이제 그 빛이 생명의 빛이 내 안에 들어와 나의 생명의 어둠을 몰아내고 그리스도의 생명으로 살리심을 알게 되었습니다. 할렐루야!! 내 영혼의 외침이 나를 소스라치게 하였습니다. 그리고 회개하게 하였습니다. 나의 거짓됨과 교만함을 주님께 고백하고 거듭남을 경험하게 되었습니다. 좁은 방은 이제 더이상 어둠이 아니라, 지치고 억눌린 사람들이 아니라, 그리스도의 생명의 빛이 생명의 기운이 가득하게 되었습니다.

목사님의 강의가 끝났습니다. 모두 아쉬운 가운데 다음의 만남을 기약하면서 인사를 나누었습니다. 목사님을 배웅하고 나서 교회로 돌아온 저는 문득 한 가지 할 일을 하지 못하였다는 생각이 들었습니다. 집회나 세미나를 마치고 나면 당연히 행했던 포토타임이었습니다. 단 한 장의 사진도 남기지 못했다는 것이 못내 아쉬웠고 또 미안한 생각이 들었습니다. 혹시 목사님도 잊으셨나 보다 생각하면서 다음을 기약했습니다. 그러나 다음도 그다음도 목사님은 그런 시간은 가지지 않았습니다. 개인적인 어떤 약속도 만남도 없이 순수하게 말씀만 전하시고 미련 없이 돌아가셨습니다. 순수하게 말씀의 은혜와 사랑만을 남기고 가시는 목사님의 남다른 이런 모습은 저뿐만 아니라 목사님을 만난 모든 이들의 마음에 크나큰 감동으로 남게 되었습니다.

그 후로 저는 목사님을 3번 더 만났습니다. 매번 더해지는 은혜

속에서 저는 목사님을 저의 인생의 롤 모델로 삼았습니다. 이름 없이 빛도 없이 오로지 주님의 그 진리의 말씀과 사랑만을 전하는 주의 충실한 종이 되겠다고 말입니다. 그러나 한 가지 후회되었던 것이 있습니다. 목사님의 연락처를 남기지 못하였던 것입니다.

2008년도에 한국으로 갔을 때 뵙고 싶은데 만날 길이 없었습니다. 그러나 주께서 저를 사랑하셔서 만남을 허락하셨습니다. 너무 감사하고 너무 감격스러웠습니다. 주님의 은혜는 만남에서 그치지 않으시고 저를 목양교회의 선교사로 파송을 받게 하였습니다. 지금까지 부족한 저를 품으시고 격려하시면서 사랑을 아끼지 않으신 목사님께 감사의 말씀 드립니다.

목사님을 만나 받은 은혜와 사랑 이야기는 이것뿐이 아닙니다. 백두산 기슭에서의 제자 훈련, 특히 탈북자들에 대한 사랑과 관심은 남달랐습니다. 그중에 한 아이를 안고 눈물로 기도해 주시던 모습이 지금도 눈앞에 선합니다. 그 아이를 향하신 목사님의 기도가 이루어지기를 저도 바라고 기도합니다. 목사님 고맙고, 사랑합니다.

3. 세상, 율법, 그리고 복음으로

정원덕 목사
파주 행복한목양교회

청년 시절 나는 선(禪) 불교(참선을 통해 인간이 부처가 될 수 있다는 불교 사상)에 심취했었다. 그래서 지리산에서 도(道)를 수련하는 사람들과 또 참선하는 사찰의 승려들과 교제를 하면서 나도 기회가 되면 이 길을 가야 하겠다고 결심했다. 30대 중반 이후 아내와 아이들의 강권으로 교회에 나갔지만, 나의 귀에는 아무 소리도 들리지 않았다. 나의 마음속에 도(道)에 관한 생각뿐이었기 때문이었다.

그렇게 교회를 2년 정도 다니던 2002년 8월 어느 주일 예배의 경배 찬양을 듣는 중에 이상한 경험을 하였다. 갑자기 나의 눈에 눈물이 흘러내리는 것이었다. "이게 뭐지?" 내가 알지 못하는 노래를 듣는데 내 의지와 상관없이 나에게 나타나는 이 현상은 무엇이

지? 난 그때 무척 당황하였다. 그 경험 이후 매주 주일 예배를 기다렸다. 교회에서 무슨 말을 하는지 듣게 되었다. 그리고 성경에는 무슨 말이 쓰여 있는지 집에 있는 성경을 읽기 시작했다. 하나님께서 은혜를 주셔서 목사님의 말씀이 내 마음에 들려지고, 성경의 말씀이 믿어지기 시작하였다. 너무나 행복한 시간이었다. 참 진리를 발견한 기쁨은 말로 표현할 수 없다. 지금도 육십 평생 진리를 좇는다고 산에서 도를 닦는 셋째 형님이 불쌍할 뿐이다.

이렇게 나의 신앙생활이 시작되었다. 15년 동안 내가 신앙처럼 소중히 생각하고 여겨왔던 등산과 국악(대금, 거문고)을 던져버리고, 직장, 집, 그리고 교회만이 나의 삶의 전부가 되었다. 그렇게 하나님의 은혜 안에서 기쁘게 교회를 섬기는 가운데 나의 신앙생활도 점점 깊어져 갔다. 더불어 하나님의 강권에 의하여 신학 공부를 시작하게 되었다. 신학 공부를 시작하면서도 교회를 섬기고 기도와 예배 생활에 최선을 다하였다. 매일 낮에는 사업, 밤에는 신학 공부, 매일 2시간의 새벽 기도를 병행하는 생활을 하였다. 그것은 나에게 큰 체력적 부담이 되어 매년 봄에 폐렴을 앓는 일이 반복되었다.

그런데도 이러한 신앙생활을 계속할 수밖에 없었다. 내가 경험한 신앙생활은 이것이 전부였기 때문이었다. 신앙생활은 철저히 율법에 근거하여 그 율법을 이루는 것이 구원이라고 배웠기 때문이다. 더 많이 예배드리고, 기도하고, 교회에서 봉사하는 것이 신앙의 진보이고 구원에 가까이 다가가는 것으로 생각했다. 그래서 시간만 나면 기도원과 산에서 철야 기도를 했다. 여기에서 그치지 않고 어린 나의 자녀들에게도 나의 이러한 신앙생활을 강요했다. 초등, 중등 학생인 아이들을 매일 새벽 기도회로 데리고 다녔다. 또 모든 예배에 참석시켰다. 이러한 우리 가족의 신앙생활은 모든 교인의 모범이 되었다. 또한 헌금도 교회 성도 중에서 가장 많이 해야 했다.

하지만 이렇게 점점 더 많이 해야 하는 신앙생활은 한계가 올 수밖에 없음을 나중에 알게 되었다. 먼저 육체적으로 한계에 도달했다. 쉬지 못하여 몸은 매월 1번씩 감기와 몸살을 앓아야 했다. 그것보다 더 심각한 것은 나의 죄 문제였다. 어느 순간 나의 죄가 보이기 시작했는데 그 죄가 크게 나를 괴롭혔다. 아무리 금식을 하고, 기도를 해도 그 순간뿐이었고, 항상 나의 삶의 한 가운데를 관통하고 있었다.

이러한 나를 하나님께서 긍휼히 여기셨는지, 2014년 신학교 여름 계절 학기를 통해 지금의 담임 목사님인 임준식 목사님의 강의를 듣게 되었다. "성막과 복음"이라는 주제의 강의였다. 두 번째 시간의 강의는 내 삶에서 평생 잊을 수 없는 순간이었다. 나의 죄 문제가 해결되는 순간이었다. "가버나움에서의 중풍병자의 치유 사건"(막 2:1-12)의 본문을 가지고 복음을 설명하셨다. 이 본문은 그동안 많이 읽었고, 많은 설교를 들었던 본문이다. 그런데 아무도 이 본문을 임준식 목사님과 같이 말씀해 주지 않았다. 예수님께서 친구들이 지붕을 뚫고 달아 내린 중풍병자에게 말씀하셨다. "작은 자야 네 죄 사함을 받았느니라."(막 12:5) 바로 이 말씀이 예수님께서 "나"에게 하시는 말씀임을 깨닫는 순간이었다.

그 순간 머리끝에서부터 발끝까지 가득한 나의 죄가 예수님께 전가됨을 경험하였다. 더불어 예수님의 의가 나에게 전가됨을 깨닫게 되었다. 예수님의 십자가는 나의 십자가이고, 예수님의 부활은 나의 부활임이 깨달아지는 순간이었다. 예수님의 십자가의 고난과 부활은 과거의 역사적 사건이 아니라 지금 나에게 일어나는 현재적 사건임을 알게 되었다. 그동안 교회에서 수없이 들었던 십자가의 죽음과 부활은 2000년 전 팔레스타인 땅에서 일어났던 역사적 사건이었지 지금 현재 나에게 일어나는 사건은 아니었다. 이제 이 엄청난 사건이 나에게 일어났다. 이 사건을 경험하고 성경을 읽을 때 놀라운 변화가 일어나기 시작했다. 구약과 신약의 모든 이야기가 과거의 이야기가 아니라 현재 나에게 말씀하고 있다는 사실을 깨닫게 되었다. 이제 나를 묶고 있던 모든 속박이 풀리는 은혜를 매일 경험한다.

이러한 사실을 알고 가만히 있을 수 없어 온 가족을 데리고 목양교회로 출석하기 시작했다. 율법의 올무에 묶여 있던 나에게는 임준식 목사님의 말씀은 꿀 송이 같은 말씀이었다. 율법으로 말미암는 사망의 권세에서 나를 완전히 해방하는 말씀이었다. 목양교회에서 임준식 목사님 말씀의 꿀을 먹은 지 어언 만 3년이 되어간다. 임준식 목사님을 통해 들려지는 하나님의 말씀 속에서 나의 존재는 완전히 새로운 피조물로 태어났다. 여전히 죄가 나의 삶을 붙들고 있지만, 이제 더 이상 이 죄가 나를 넘어뜨리지 못한다. 양심의 송사가 나를 속이지 못한다.

그리스도께서 나의 영의 눈을 열어주셨다. 그리스도께서 열어주신 영의 눈으로 목회자들, 그리고 한국 교회를 바라본다. 한국 교회에 여기저기 설교가 넘쳐난다. 하지만 진리의 말씀은 듣기가 어려운 시대에 살고 있다. 설교의 홍수 속에 살고 있지만, 복음이 사라진 시대를 살아간다. 하지만 아직은 희망이 있다. 진리마저도 상대화되어 무엇이 진리인지 판단할 수 없는 포스트모던 시대를 살아가는 우리에게 목양교회 임준식 목사님은 오직 복음, 오직 진리만을 선포하고 있기 때문이다. 결코 상대화할 수 없는 그리스도의 진리 즉 십자가의 복음을 매주 들을 수 있음은 세상 그 어떤 것으로도 바꿀 수 없는 큰 축복임을 믿는다. 아멘.

4. 오직 진리의 말씀 전하는 것만
본분 삼으신 목사님

오순임 권사

"사람이 마음으로 믿어 의에 이르고 입으로 시인하여 구원에 이르느니라."(롬 10:10)

저는 저 멀리 남쪽에 있는 전라남도 산골 마을에서 태어났습니다. 교회는 초등학교 다닐 때 반 친구의 초대로 처음으로 나갔습니다. 그때 교회에서 예수님이 십자가에 못 박혀 돌아가시는 영화를 봤는데 유다가 은 삼십 냥으로 예수님을 팔고 후회하는 장면을 보면서도 무슨 뜻인지 몰랐습니다. 그 후에도 교회 소풍에 따라갔고 주먹밥을 줘서 맛있게 먹은 기억도 있습니다. 하지만 그 후로부터 교회를 나가지 못한 일로 인하여 내 마음속에 찔림이 있었습니다. 하나님께서는 그런 나에게 은혜를 베풀어 주셔서 40대 초반에 막내 시누의 인도로 목양교회에서 믿음 생활을 하게 되었습니다.

목양교회에 출석하면서 저는 처음에는 아무것도 모르고 몸만 왔다 갔다 하였습니다. 그런데 어느 날 제 마음에 로마서 10장 10절 말씀이 들어오면서 주변 사람들에게 예수님을 전하는 용기도 생겨서 전도도 하게 되었습니다. 일하면서도 제 입에서 항상 저절로 나오는 가사는 '내 영혼이 은총 입어' 찬양 가사 중 '초막이나 궁궐이나 그 어디나 하늘나라'였습니다.

지금 생각해보니 하나님께서 태초에 천지가 창조되기 전에 저희 가족을 로마서 8장 30절에 있는 "또 미리 정하신 그들을 또한 부르시고 부르신 그들을 또한 의롭다 하시고 의롭다 하신 그들을 또한 영화롭게 하셨느니라." 하신 말씀과 같이 하나님의 크고 놀라운 사랑으로 시골 오지에서 농사짓던 우리 대가족 시부모님과 자녀 4남매 우리 부부 총 8식구를 별다른 직업도 없이 서울로 올라오게 하셨습니다. 그리고 우리 임준식 목사님을 만나게 하시고 나와 온 가족이 목사님께서 전하시는 말씀을 통하여 구원을 받게 하셨습니다. 특히 시아버님께서는 예수 믿는다고 핍박이 심하셨는데 하루는 우리 집 거실에서 구역 예배를 드리면서 찬양을 하고 있는데 갑자기 방에서 나오셔서 상을 둘러 엎으시면서 당신네 집에서나 하라고 호통을 치셔서 목자장님과 구역 식구들에게 너무 죄송했던 일도 있었습니다.

그런 시아버님께서 임종 직전에 목사님을 통하여 예수님을 영접하였습니다. 그때 목사님께서 병원에 심방을 오셨습니다. 그리고 찬양과 말씀과 기도로 인도하시면서 믿으시면 손을 꼭 잡아 보시라고 하시니까 목사님 손목을 잡으셨습니다. 목사님께서 3번을 물으셔도 3번 다 목사님의 손을 꼭 잡으시고 믿는다는 표현을 하셨습니다. 얼마 후 시아버님께서는 천국으로 가셨습니다. 온 가족 형제자매가 시아버님의 구원을 기뻐하며 장례식을 치른 일을 생각하면 지금도 감격스럽고 감사한 마음입니다. 그날 이후로 27대 종손인 우리 집안에 제사가 아닌 가정 예배로 1년에 1번씩 시아버님 기일에 시댁 식구들 25명 이상이 함께 예배를 드리며 교제를 나누는 기쁨의 잔치가 되었습니다. 시어머님과 친정 어머님께서도 예수를 믿고 천국 가셨습니다.

교회 예배 중에 목사님께서 전하시는 말씀을 통하여 나의 원죄와 과거 현재 미래의 모든 죄가 깨끗하게 사함을 받게 되었습니다. 그 말씀은 이사야 1장 18절, "여호와께서 말씀하시되 오라 우리가 서로 변론하자. 너희의 죄가 주홍 같을지라도 눈과 같이 희어질 것이요 진홍같이 붉을지라도 양털같이 희게 되리라."였습니다. 그 말씀을 받은 저는 송아지가 외양간에서 나와서 뛰는 것같이 기뻐 뛰며 즐거웠습니다. 그리고 다시 한번 다짐하기를 주를 보는 믿음으로만 살기로 결심했습니다. 이제 예수님의 지상명령이신 땅끝까지 천국 복음을 전하는 일에 힘과 뜻과 목숨을 다하여 충성하는 성도가 되길 원합니다.

임준식 목사님께서는 언제나 한결같이 우리에게 진리의 말씀을 전하는 것을 본분으로 삼고 계시는 귀한 목사님입니다. 목사님을 잘 도와 주변에 있는 이웃과 형제자매 모든 분에게 여호와 하나님의 사랑을 전하며 살아가기를 간절히 소망합니다. 목사님, 사랑하고 축복합니다.

5. 예수님의 사랑을 실천하시는 분

정창성 목사

예수님의 섬김과 낮아짐의 모습은 당시 계급 사회를 이루던 사회적 구조에 있어서 매우 혁명적인 것이었습니다. 혁명은 특성상 아래에서 위를 향하여 나아갑니다. 그리하여 결국엔 기존의 사회와 계급 구조에 변화를 일으켜 뒤집어엎는 것을 말합니다. 낮은 자리에 있던 자가 높은 자리로, 높은 자리에서 있던 자가 낮은 자리로 이동되는 변혁이 바로 혁명입니다. 예수님 당시엔 힘과 권력을 가진 자들은 대를 이어 힘과 권력을 가지는 특권을 누렸고, 힘없고 비천한 자들은 대를 이어 힘없고 비천한 삶을 살았던 시대였습니다. 그래서 많은 사람들은 구원자이신 예수님을 '호산나'라며 환호했습니다. 자신들의 비천한 삶을 더 나은 삶으로 변화시켜주고 구해줄 것으로 여겼기 때문입니다.

혁명은 사회와 사람을 변화시켜 새로운 질서를 만들고 새로운 사회 공동체를 만들어 갑니다. 그런 의미에서 예수님의 행동은 혁명과 유사하게 보이기는 하나 동일하다고 할 수는 없습니다. 그것은 바로 사랑이라는 가치를 내포하고 있기 때문입니다. 사랑은 내어줌과 용서와 이해와 품음이라는 온유함의 성품으로부터 나오며, 사람을 변화시키는 원동력으로 작용합니다. 변화를 예고한다는 면에서 혁명은 사랑과 비슷한 듯합니다. 그러나 혁명과 사랑은 분명히 구별된다는 사실입니다.

사랑에서 나오는 긍휼과 품음과 내어줌의 마음은 그리스도의 속성에서 비롯된 새 생명의 가치입니다. 그것은 사람을 변화시키고 공동체를 변화시키며, 결국은 사회를 변화시킵니다. 새 생명의 가치는 암울한 자신의 처지를 바라보지 않고 자신에게 부어지는 은혜를 바라봅니다. 은혜를 바라볼 때 그 은혜는 마음에 단비가 되어 새 생명을 자라게 하고 꽃 피우게 하며 결국 열매를 맺게 합니다. 그 열매는 삶의 감사와 평안입니다.

지금의 시대는 한마디로 진리의 말씀이 왜곡되어 사람들의 마음이 헛헛하고 혼란스러운 시기라고 할 수 있습니다. 또한 사회적 가치와 자신이 추구하는 가치의 차이로 인하여 행복을 잃어버린 사람들이 넘쳐납니다. 그 원인은 말씀의 부재로 인한 것이라 생각이 듭니다. 이러한 시대에 임준식 목사님의 말씀은 단비와 같은 생명의 물줄기였습니다. 그것은 하나님의 사랑이었으며, 그 사랑이 목양교회 모두에게 나타난 바 되었던 것입니다.

가치관과 생명관의 혼란기에 만난 임준식 목사님! 저에게는 혁명으로 다가와 저 자신을 변화시키는 계기가 되었습니다. 혁명적이나 사랑의 온유함을 품고 있기에 사람들을 변화시켰고 또한 저를 변화시켰습니다. 그리스도의 속성을 간직한 목사님에게는 사랑과 긍휼과 품음과 내어줌이 있었습니다. 그 사랑이 이제는 이 사회를 변화시킬 것이라 믿습니다. 예수님이 그리하셨듯이, 긍휼함으로, 더 내어줌으로써 사람들을 살리는 은혜를 부어주신 것과 같이, 목사님 또한 그리하셨습니다. 그것은 사랑과 기쁨과 행복의 길로 인도함이었습니다.

"사랑하지 아니하는 자는 하나님을 알지 못하나니 이는 하나님은 사랑이심이라."(요일 4:8)
변화되어야 할 이 세상을 향한 강렬한 표현은 사랑이라는 것을 알았습니다. 그 사랑을 입었기에 이제는 세상을 향해 나아갑니다.
예수님이 주신 그 사랑! 목사님이 깨우쳐 주신 그 사랑! 그 사랑이 제 삶을 변화시켰고 평안의 마음을 품고 살도록 인도하였습니다. 사역의 현장에서, 그리고 삶의 현장에서 그 사랑을 실천하며 나아갈 것입니다. 사역의 현장에서 신앙과 믿음의 스승을 체험케 하신 하나님께 감사드립니다.

6. 주님의 사역에 동역자로 삼아주신 목사님

김순자 권사

감히 받을 수 없는 하나님의 크신 사랑과 긍휼을 저에게 베풀어 주셔서 목양교회로 인도하게 하시고 하나님 나라의 유업을 받게 하신 하나님께 감사드립니다.

저는 어려서부터 어머니를 따라 신앙생활을 하였습니다. 새벽, 철야, 모든 공예배를 철저하게 드렸습니다. 매년 크리스마스 행사 때에는 교회에서 주는 출석, 요절암송, 헌금, 전도상까지 상이라는 상은 다 받았습니다. 저의 신앙은 어머니로부터 영향을 받아 어머님의 말씀이 저에게는 곧 법이었습니다. 그러므로 열심히 예수님을 믿고 착한 딸로서 살았습니다. 결혼도 어머니의 전도 대상자를 제 배우자로 삼았습니다. 어머니 말씀에 감히 거역할 수 없었습니다. 그러나 그 결혼식은 17년 만에 끝나 버렸습니다. 결혼 생활은 남편과의 다툼, 질투, 분냄으로 가득 차 반복된 회개와 얼룩진 육신의 고통으로 살았습니다.

그런데도 저는 예수님을 열심히 찾고 성경 공부도 열심히 했습니다. 그런 가운데 저는 성경 대학을 통하여 학사모도 쓰고 졸업식도 하였습니다. 누구보다도 말씀은 줄줄이 외우고 살았지만 저에게 하나님은 교회 안에서만 계신 분이었습니다. 세상에 나오면 제가 왕 노릇 하고 모든 삶에서 성실, 거룩, 착함, 용서하는 척하면서 살았습니다. 예수님을 저의 구세주가 아니라 제가 필요하면 꺼내어 사용하고 아니면 다시 넣어 버리는 삶을 살았습니다. 그러다 큰 교통사고로 척추가 주저앉아 하반신 마비 판정을 받고 평생 장애로 살 수밖에 없다는 의사의 소견과 함께 허리에 쇠를 박고 다른 뼈를 잘라 갈아서 콘크리트 치듯이 뼈를 이식하는 대수술을 받았습니다.

그날 남편은 집을 떠나 평소 사귀던 여자와 함께 살림을 시작하였습니다. 이후 남편은 그 여자의 아이를 낳아 가정을 이루고 살면서 나에게 찾아와 폭설과 함께 폭행하면서 이혼을 요구하였습니다. 폭행에 견디다 못하면 경찰을 부르고 수습을 하였습니다. 이런 일의 반복으로 인하여 아들은 아빠를 죽이겠다는 마음을 품는 것을 보고 나는 아들을 위하여 이혼을 결심하고 이혼을 하게 되었습니다. 이혼할 때 남편은 전 재산을 다 가지고 가버렸습니다. 저는 그 충격으로 술 담배 방탕한 생활로 이어졌고 마음 가운데 전 남편에 대한 분함과 원통함과 울화로 가득 차서 견딜 수가 없어서 3번의 자살을 시도하여 119 응급차로 대학 병원으로 실려 갔습니다. 그러나 하나님께서 저를 불쌍히 여겨 목숨만은 남겨 주셨습니다.

그러던 중 자식들이 눈에 보였고 그들을 볼 때마다 눈물이 앞을 가려 이제는 살아야겠다는 마음이 생겨났습니다. 그리고 목양교회 앞에서 24시 해장국집을 하게 되었습니다. 새벽에 장사할 때면 교회에서 울려 나오는 찬송이 제 가슴에 솟구치는 감격과 마음 깊은 곳에서부터 울려오는 어머니의 기도 소리로 들렸습니다. 시골 고향에서 이 시간 어머니께서 나를 위하여 기도하고 계실 텐데, 나도 저기 가면 살 수 있을 것 같은데….

지금 제 모습으론 도저히 갈 수가 없어 가슴 깊은 곳에서부터 한없이 슬픔과 탄식의 눈물만이 흘러나왔습니다. 그리고 주님께 기도가 나오기 시작했습니다. 수로보니게 여인을 생각하면서 '저에게도 교회에 다시 나아갈 수 있게 도와주옵소서! 말씀을 들을 기회를 다시 한번만 허락해 주옵소서!' 간절한 기도가 심령 깊은 곳으로부터 흘러나왔습니다. 어머니께서는 저의 이런 모습을 알고 계시면서도 한 번도 나를 탓하지 아니하시고 나를 위로해 주셨습니다. "네가 얼마나 힘들겠니? 힘내라! 너는 하나님의 자녀야." 하시는 어머니의 그 말씀이 제 귓가에서 날마다 맴돌았습니다.

그러던 어느 날 오후, 마음으로 주기도문을 외우던 중 갑자기 "그들의 죄를 용서함같이 나의 죄를 용서하여 주옵소서!"라는 말씀이 나에게 너무도 강하게 다가왔습니다. "어찌 눈에 보이는 전 남편도 용서 못 하는 네가 보이지 아니하는 하나님으로부터 너의 죄를 용서받기를 원하느냐?" 하는 음성이 마음속 깊은 곳에서 들려왔습니다. 그때 저는 바로 무릎을 꿇고 하나님 앞에 회개하였습니다. 하나님은 그 순간 제가 그동안 잊었던 과거의 죄들을 영화관의 필름처럼 순식간에 보여주시며 말할 수 없는 탄식으로 온 방을 기어 다니며 애통함으로 회개하게 하셨습니다. 그 순간 제 마음속에 더러운 것들이 쑥 빠져 나가는 느낌을 받았습니다. 주님께서 죽은 개와도 같은 비참한 나를 살리셨습니다.

이후 목양교회 담장 너머로 새벽마다 흘러나온 찬송을 듣게 하신 주님께서는 저를 목양교회로 인도하셨습니다. 돌아온 탕자에게 떡 부스러기가 아닌 온전한 말씀의 잔치를 베풀어 주시고, 언약의 은가락지와 제일 좋은 옷 예수 그리스도의 보배로운 피로 된 세마포를 입게 해주셨습니다. 그리고 임준식 목사님을 통하여 40년 동안 인내한 욥으로만 알고 있던 말씀이 육체의 의로움으로는 하나님 앞에 설 수 없음을 정확히 깨닫게 하셨습니다.

하나님의 크신 사랑은 담임 목사님을 통하여 귀로만 듣던 주님을 이제는 눈으로 보는 놀라운 역사를 제게 베풀어 주셨습니다. 이제는 땅에 보화를 쌓는 믿음이 아닌 하나님 나라에 소망을 두는 믿음으로 바뀌었습니다. 목양교회에 오기 전에는 말씀대로 살아보려고 몸부림쳤지만 돌아오는 것은 율법의 정죄함뿐이었습니다. 하지만 이제는 목사님을 통한 참된 복음 진리가 나를 자유롭게 하였습니다. 내가 말씀을 지키는 것이 아니라 내 안에 계신 그리스도의 영이 나를 진리 가운데로 인도하시는 것을 알게 되었습니다.
주님께서 베풀어 주신 새로운 가정에서 행복하며 늘 기쁨과 즐거움이 넘치는 믿음 생활이 내 속 깊은 곳에서 울려 퍼지게 하신 여호와 하나님을 찬양합니다. 또한 이 소식을 알게 하시고 전해주신 임준식 담임 목사님, 감사합니다. 고맙습니다. 이제는 목사님 귀한 사역에 동역자로, 남은 인생은 주님을 전파하는 일에 힘쓰며 살겠습니다.

7. 길이요 진리요 생명 되신
주님께 감사드립니다

고성자 권사

부족하고 세상 지식도 없는 저에게 사랑하는 임준식 담임 목사님을 통하여 하늘 문이 열리고 천국이 내게 주어진 놀라운 사실을 지면으로 이야기할 기회를 주신 주님께 다시 한번 감사드립니다. 저는 임후남 집사, 박정자 권사를 통하여 1989년 목양교회에 출석하게 되었습니다. 그때 제가 다니던 교회에서 드린 예배를 통하여서는 저의 갈급한 심령은 해갈되지 않았습니다. 이후 여러 곳에서 많은 말씀을 들었으나 여전히 제 속에 있는 궁금증은 풀리지 않았고 시간이 지날수록 갈급함은 더해져 갔습니다. 이러할 때 목양교회에서 제자 훈련을 한다고 임후남 집사가 한번 가보자고 저를 권유했습니다.

예배에 참석한 저는 임준식 목사님께서 전해주시는 모든 말씀이 다 귀에 들려졌습니다. 하지만 제가 이해할 수 없었던 것은 주기도문을 예배 시작할 때 하셨습니다. 그래서 혹 잘못된 교회가 아닌가 의심스러웠습니다. 예배를 마치자 목사님께서 저를 부르셨고 저를 데리고 사무실로 가서서 두툼한 책 한 권을 보여주시면서 그곳에 목양교회 이름이 있는 것을 보여주셨습니다. 나중에 안 일이지만 통합 측에서 발행된 노회 책자였습니다. 그리고 주기도문은 시작할 때나 끝날 때 언제든지 해도 아무 상관이 없다는 것을 알았습니다. 혹시 하지 않아도 문제가 되지 않는다는 것도 알았습니다.

몇 날이 지난 후 임후남 집사가 자신의 집에서 임준식 목사님을 모시고 예배를 드린다고 저를 다시 초대했습니다. 목사님께서 말씀을 전하시는 중에 거목과 고목의 말씀을 하셨는데 고목에는 구멍이 뚫려 뱀, 쥐, 지렁이와 같은 것들이 들락거린다는 말씀을 하셨는데, 그 말씀을 들을 때 저 자신이 고목임을 알게 되었습니다. 예배를 마친 후 저는 목사님께 창피한 줄도 모르고 저 자신 썩어 있는 고목이라 말씀을 드렸습니다. 그 이후 저는 계속된 교회 생활에서도 믿음에 대한 확신을 갖지는 못했습니다. 그런데 어느 날 로마서를 보다가 8장 1-4절 말씀, 죄와 사망에서 너를 해방했다는 말씀이 저의 마음에 확 들어왔습니다. 너무 놀라서 임후남 집사를 찾아가 이 말을 전해주었습니다. 그리고 함께 기뻐했습니다.

　순간 기쁨은 잠시뿐 믿음에 대한 확신을 여전히 갖지 못했습니다. 그런데 며칠 후 제게 두 번째 말씀이 임했습니다. 그 말씀은 히브리서 6장 16-19절 말씀으로, 하나님은 거짓말을 하실 수 없으시고 맹세하시고 보증하신다는 말씀이 제 심령에 들려왔습니다. 너무나 기뻤습니다. 그리고 이 사실을 임 목사님께 알렸습니다. 목사님께서는 거듭남에 대하여 축하해 주시면서 거듭남은 믿음의 출발이고 거듭난 이후의 삶이 더 중요하다 하시면서 영적으로 잘 지도를 받아야 한다는 말씀을 전해주셨습니다.
　그 후 목사님을 통하여 말씀을 계속 듣게 되고 하나님께서 하신 말씀들이 깨달아지기 시작했습니다. 무엇보다 목사님께서 전하시는 말씀을 통하여 저에게 하늘의 위로와 평화로 평강을 주시고 지나간 모든 어려운 일들과 어두운 일들은 다 잊게 해주셨습니다. 지금까지 저에겐 고난도 많았고 핍박도 많았습니다. 그러나 저는 주님께서 피로 사신 하나님의 자녀가 되었으므로 이제는 오직 주님만 의지하고 살 것을 다짐하게 되었습니다.

　저를 괴롭게 하고 어렵게 하던 모든 일과 사람들을 잊게 하시고 더 이상 미워할 수 없게 되었습니다. 그 이유는 주님께서 저를 용서하고 사랑하셨듯이 그들도 용서하시고 사랑하신다는 것을 알았기 때문입니다. 나 같은 죄인을 하나님 사람으로 만들어 주신 목사님께 감사드립니다. 목사님은 저의 신앙의 아버지이십니다. 그리고 언제나 생명의 말씀을 전해주심에 감사드립니다. 무엇보다 하나님께 모든 영광을 올려 드립니다.

8. 목사님, 그때 왜 그랬나요?

김광진 목사

2014년 여름 방학이 시작되어 조금은 여유 있는 시간을 보내고 있었는데 정원덕 전도사님이 서울장신대학교에 여름 방학 계절학기를 듣고 있었다. 그날 청강하러 따라갔다가 임준식 목사님을 만났다. 목사님의 첫 모습은 얼굴에 기쁨이 넘쳐나 있었다. 아마도 그 모습을 보는 순간 '아, 이분이 전하는 복음은 가짜가 아니고 진짜겠다.' 하는 마음을 하나님께서 주셨다. 그런 후 자연스럽게 목양교회에 출석하게 되었다.

목사님 설교를 들으면서 왜 목사님 얼굴에 기쁨이 넘쳐나는지 그 이유를 조금씩 조금씩 알게 되었다. 그것은 죄 사함의 파워풀한 복음과 진리에 대한 사랑과 그 사랑으로 인한 죄의 사슬에서 풀려남이 마음속의 기쁨뿐만 아니라 삶 속에서도 그대로 나오는 것임을 알게 되었다. 기독교인은 삶 속에서 기쁨이 있어야지 그 기쁨이 없다면 구원의 확신이 없다는 것을 우리 목사님으로부터 알게 되었다. 그때 목사님께서 전하는 속량, 속죄함, 진리의 복음이 앞으로 나의 목회에 가장 큰 디딤돌과 초석이 된다는 사실을 분명히 깨닫게 되었다.

이후 매주 선포되는 말씀이 성경 공부에도 많이 도움이 되고 앞으로 목회에 있어서도 많은 도움이 될 것으로 생각한다. 요즘은 가끔씩 2014년 여름 방학 때 목사님의 그 기쁨의 미소를 보지 못했다면 과연 나는 어디에 있을까? 궁금하고 혹시 그곳에서 행위로 인한 구원을 이루기 위해서 육체적으로 영으로 힘든 신앙생활과 그 신앙이 옳다는 신념을 가지고 앞으로 내가 해야 할 목회가 성도들을 살리는 것이 아니라 죽이는 목회를 하지 않게 될까? 생각하니 두려운 마음이 엄습한다.

정말 목사님, 왜 그때 그러한 미소를 지었나요? 진정 하나님께 감사하고 감사한다. 목양교회에서 사역하게 되면서 목사님의 그 기쁜 모습이 구체적으로 교역자 회의나 설교에서 표현이 되고 있어서 나에게 많은 도전을 주고 있다. 어떻게 하면 그렇게 할 수 있을까? 도대체 얼마나 많이 성경을 읽어야만 목사님처럼 구원의 기쁨을 말씀으로 옮길 수 있을까? 걱정도 되지만, 목사님께서 많은 가르침을 주시면 언젠가는 하나님께서 나에게도 그러한 복을 내려 주시지 않을까? 기대하고 있다.

교역자 회의에서 목사님이 말씀하신 것 중에서 가장 많이 은혜 받은 말씀이 있다. 그것은 목사님께서 자신의 목회가 성도들에게 진리만 선포하고 있는지 아닌지가 궁금하고 오로지 주님의 진리만 선포되기를 떨리는 마음으로 목회를 하신다는 말씀에 많은 은혜를 받았다. 나는 과연 목사님처럼 진리에 대한 경외가 있는가에 대한 궁금증을 가지게 하고 또한 그 경외만을 가져야만 목회를 바로 할 수 있다고 믿게 되었다.

목사님과 함께 있으면 어떤 면에서 어려운 면도 있지만, 의외로 편안하다. 물론 어렵다는 것은 그냥 담임 목사님이라는 사실이기 때문인 것 같다. 그런데 참 이해할 수 없는 것은 같이 식사하거나 회의할 때는 목사님은 많은 것을 경험하였기 때문인지 아니면 교육 전도사의 상황과 영적인 상태를 잘 알고 계셔서 그런지 많은 배려와 이해심이 그대로 풍겨서 나 자신도 모르게 목사님과 함께 있을 때의 어려움보다 더 편한 마음가짐을 가지게 된다. 이 또한 진정한 진리에 대한 사랑이 삶으로 그대로 묻어나는 것이 아닌가 생각이 든다.

교역자 수련회를 위해 사이판에 갔을 때도 목사님께서는 교역자들을 편하게 쉬라고 혼자서 시간을 보내는 모습을 보고 '아, 저것이다. 나도 꼭 저렇게 해야겠다.'는 다짐을 했다. 우리들을 위해서 홀로 시간을 보내시는 모습은 진정으로 당신의 제자들을 섬기는 예수님의 섬기는 모습으로 보였다. 사이판에서 보여주셨던 목사님의 귀한 섬김은 내 마음속 깊은 곳에 진리와 사랑으로 자리를 잡게 되었다. 무엇보다 목양교회로 인도하신 하나님께 감사를 드린다. 그리고 항상 임준식 목사님의 영과 육이 강건하시어 목양교회에 모이는 모든 교회 구성원들이 오로지 진리의 말씀만 듣게 되기를 간절히 소망한다.

4부

성막 말씀 부흥회와 생명 얻는 회개

01. 성막의 진리와 새 생명

성소와 지성소는 하나님의 임재를 상징한다. 광야에 세워진 성막은 하나님께서 그의 백성들 가운데 임재해 계심을 가시적으로 보여준다. 천지의 창조주이신 하나님이 그의 백성들 가운데 거하시겠다는 것 자체가 하나님의 은혜를 나타낸다. 그래서 성소를 미쉬칸 즉, 하나님이 거하시는 장소라 불렀다(헤이즈, 하나님의 임재와 구원, 22). 하나님이 거하시는 장소이므로 그곳은 거룩한 장소였다(쉬니처, 토라 스토리, 318). 이러한 성막은 인간이 고안해 낸 건축물이 아니라 하나님이 설계하셨다는 사실을 기억해야 한다. 성막 건설의 의의를 말하고 있는 출애굽기 25:8에 따르면, 하나님은 "내가 그들 중에 거할 성소를 그들을 시켜 나를 위하여 짓되"라고 말씀하고 있다. 성막의 구조를 보면, 성막문을 통해 들어가게 된다. 성막 안으로 들어가면 번제단과 물두명을 볼 수 있고, 그 앞에 성소와 지성소가 놓여 있다. 성막으로 들어가서 그 안의 영광을 보기 위해서는 동쪽 끝에 있는 성막 문을 통과해야 한다(디한, 성막, 27). 성막은 예수 그리스도를 예표한다. 디한의 설명에 따르면, 예수님은 '하나님의 모든 충만이 육체로 거하시는 성막이었다'라고 해설한다(디한, 성막, 5). 예수님은 자신을 가리켜 '양의 문이라'고 직접 말씀하셨다(요 10:9-10). 예수님은 그 문의 속성에 대해서 말씀하시기를 "좁은 문, 생명의 문"이라고 말씀하셨다(마 7:13-14). 예수님을 통해서만 우리는 영원한 하나님 나라에 들어갈 수 있다.

죄인이 그 문을 통해 성막 뜰 안으로 들어갈 때, 가장 먼저 번제단을 보게 된다. 그 곳에서 각종 제사를 드림은 곧, 그곳이 죄인이 거룩하게 되는 장소임을 나타낸다. 그러나 죄인이 제사를 드린다고 자동적으로 죄가 사해지는 것은 아니다. 제사를 드렸을 때, 하나님이 친히 제사인에 대하여 용서와 정결함을 허락해야 한다(웬함, 레위기, 44). 그런데 신약에 들어와서 그리스도를 믿는 신자들을 가리켜 하나님이 거하시는 장소라고 말한 것에 주목해야 한다. 바울은 갈라디아서 2:19-20에서 "내가 율법에 대하여 죽고 하나님을 향하여 산다."라고 했다. "내가 그리스도와 함께 십자가에 못 박혔나니 그런즉 이제는 내가 사는 것이 아니요 오직 내 안에 그리스도께서 사시는 것이다."라고 했다. 예수님은 마가복음 10장 45절에서 "인자가 온 것은 섬김을 받으려 함이 아니라 도리어 섬기려 하고 자기 목숨을 많은 사람의 대속물로 주려 함이니라."고 하셨다. 이는 예수님의 번제단의 죽음을 의미한다.

번제단 앞에 물두멍은 손발을 씻어야 성소에 들어갈 수 있도록 하였다. 놋으로 된 물두멍은 제사장들을 위해서 만들어진 것이다. 왜냐하면 제사장이 거룩한 경내로 들어가기 전에 손과 발을 씻어 죽음을 당하지 않도록 하기 위함이기 때문이다. 신약적 의미로 재해석하면 "중생의 씻음과 성령의 새롭게 하심"을 뜻한다(딛 3:5). 그 물두멍을 만든 놋은 출애굽할 때 여인들이 가지고 나온 놋 거울로 만들었다. 출애굽기 38장 8절에 "회막문에 수종드는 여인들의 거울로 만들었더라"고 기록하고 있다. 거울은 외모를 가꾸는 것인데 여인들은 하나님으로부터 은혜를 받고 외모를 가꾸는 거울을 하나님께 드렸던 것이다. 이는 하나님과의 내면적인 관계를 의미하는데, 이것은 요한복음 12장 3절의 옥합을 깨뜨린 마리아의 믿음과 같다.

물두멍을 지나면 두 개의 방이 있는데, 성소와 지성소가 존재한다. 성소 안으로 들어가면, 향단과 진설병 상과 등잔대가 놓여 있다. 향단은 하늘로 상달되는 성도의 끊임없는 기도를 의미한다. 요한계시록 8장 4절은 "향연이 성도의 기도와 함께 천사의 손으로부터 하나님 앞으로 올라가는지라."고 기록되어 있다. 향단은 구약과 신약 성도들의 기도이다(삼상 1:17-18, 눅 18:1-8).

향단 오른편 떡상에는 이스라엘 12지파를 상징하는 떡 12덩어리가 있다. 진설병 상은 언약궤처럼 순금으로 덮은 조각목으로 만들어졌다(해밀턴, 출애굽기, 725). 웬함의 설명에 따르면, 진설병은 할례나 안식일과 같이 하나님과 이스라엘 간의 영원한 언약을 상징했다(웬함, 레위기, 351). 이 떡의 영적 의미는 요한복음 6장 48-51절, 57-58절에 잘 나타나 있다. 예수님은 자신을 가리켜 "내가 생명의 떡이다."라고 말씀하셨다. 신명기 8장 3절에 보면 이스라엘 백성들의 광야 40년 생활의 목적을 "사람이 떡으로만 사는 것이 아니고 여호와의 입에서 나오는 모든 말씀으로 사는 것임을 알게 하기 위함이다."라고 했다.

향단 왼쪽엔 순금으로 만든 등잔대가 위치해 있다. 성소의 남쪽, 즉, 진설병 상 맞은편에 위치해 있다. 제사장은 성막에서 매일 등잔을 켜고 깨끗이 하였다. 등잔대의 빛은 다름 아닌 예수 그리스도와 하나님의 말씀을 가리킨다(다힌, 성막, 157). 요한복음 8장 12절에서 예수님은 자신을 가리켜 "나는 세상의 빛이다."라고 말씀하셨다. 따라서 예수님을 따라 사는 자는 생명의 빛이 비추고 있기에 어둠에 다니지 않게 된다. 요한복음 12장 46절에서는 "나는 빛으로 세상에 왔다."라고 말씀하셨다. 더 나아가 마태복음 5장 3-16절에서 예수님은 제자들을 향하여 "너희는 세상의 빛이다."라고 말씀하셨다. 스가랴 4장 1-13절에 보면 등잔대 곁에 두 감람나무가 있는데 그 감람 기름을 금관에 붓는다. 이는 목사는 설교를 통해 성도들에게 기름을 붓고, 장로는 기도로 성도들에게 기름을 붓는 것을 의미한다. 등잔대에 기름을 채워 밝아지는 것은 성도들이 마음에 은혜를 받았기에 얼굴이 밝아지는 것을 의미한다.

향단을 지나면 휘장이 있다. 성소와 지성소 사이를 가로막고 있는 것이 휘장이다. 예수님은 골고다 언덕에서 "다 이루었다."고 하셨다. 마태복음 27장 51절을 히브리서 저자는 히브리서 10장 19-20절에서 "휘장은 예수님의 육체"라고 했다. 성소와 지성소의 막힌 담을 예수님의 육체로 허셨다. 그것을 "새로운 살길이 열렸다."라고 한다. 이것이 바로 깊이 있는 복음이다. 사도 바울은 에베소서 2장 13-18절에서 "둘로 하나를 만드사 원수 된 것 중간에 막힌 담을 자기 육체로 허시고 … 한 성령 안에서 아버지께 나감을 얻게 하려 하심이라."고 하였다. 죄로 인해 하나님과 원수된 우리가 예수님을 통해 언제든지 하나님 앞에 나아가 예배드리고 기도할 수 있으니 얼마나 행복한가. 날마다 그 은혜를 생각할 때 감사하지 않을 수 없다.

법궤 안에는 하나님의 법인 십계명 두 돌판이 들어 있고, 이스라엘 백성들이 광야에서 40년간 먹은 만나가 들어 있는 항아리가 있고, 아론의 싹난 지팡이가 있다. 그리고 법궤를 덮은 뚜껑 위에 두 천사가 날개를 펴고 속죄소 판을 바라보는 모습을 하고 있다. 그 속죄소 판에 1년에 한 차례 대제사장이 자기와 백성들의 죄를 속하기 위해 피를 가지고 들어간다. 피는 짐승의 피인 황소의 피다. 히브리서 9장 1-9절, 히브리서 9장 19-22절은 제사에서 피의 중요성에 대해 말한다.

성막은 장차 오실 예수 그리스도의 예표이다. 히브리서 10:9-18은 "예수님은 단 한 번 영원한 속죄를 드린 것"으로 말씀한다. 예수님께서 자신을 하나님께 단 한 번 드림으로 "영원히 우리가 온전하게 되었다."라고 말씀한다. 그리고 "그들의 죄와 불법을 다시는 기억하지 아니한다."라고 말씀한다. "염소의 송아지 피로 하지 아니하고 자기의 피로 영원한 속죄를 이루사 단번에 성소에 들어가셨느니라."고 하셨다. "그리스도의 피가 양심으로 죽은 행실을 깨끗하게 하고 살아 계신 하나님을 온전히 섬기게 하셨다. 예수의 피로 깨끗함을 얻었으므로 참 마음과 온전한 믿음으로 하나님께 나아가게 되었다."(히 10:22).

02. 성막의 구속사와 생명의 성령의 법

　로마서 8장 1-2절은 "예수 안에 있는 믿음이 절대적인 믿음이다."라고 증거 한다. 예수 밖에서 아무리 열심히 기도하고 헌신을 해도 그것은 나의 의가 되고, 나의 신앙심에 지나지 않으며, 나의 소견대로 믿는 것이다. 우리 기독교의 본질은 예수 안에 있는 것이다. 그에게는 결코 정죄함이 없으며, 예수 안에 있는 생명의 성령의 법이 죄와 사망에서 그를 해방한다고 말씀하고 있다.

　성막 집회 첫째 날 집회를 통해 전하는 복음은 창세기 1:1-5이다. "땅이 혼돈하고 공허하며 흑암이 깊음 위에 있고, 하나님의 영은 수면 위에 운행하시니라. 하나님이 이르시되 빛이 있으라 하시매 빛이 있었고 빛이 하나님 보시기에 좋았더라." 하신 말씀이다. 이 빛은 생명의 빛이다. 창세기 1:1-5의 빛은 태양이 만들어지기 이전의 빛 곧, 그 생명의 빛이다. 요한복음 1:1-4의 "태초에 말씀이 계시니라. 이 말씀이 하나님과 함께 계셨으니 이 말씀은 곧 하나님이시니라. 만물이 그로 말미암아 지은 바 되었으니 지은 것이 하나도 그가 없이는 된 것이 없느니라. 그 안에 생명이 있었으니 이 생명은 사람들의 빛이라."는 말씀은 요한1서 1:1-3에서 해석된다.

이를 요한은 '태초에 있는 생명의 말씀'이라고 했다. '아버지와 함께 계시다가 우리에게 나타내신 바 된 이시니라.'고 했다. 또한 '우리의 사귐은 아버지와 그의 아들 예수 그리스도와 더불어 누림이라. 우리의 기쁨이 충만하게 하려 함이라.'고 성도의 교제에 대해서 말씀하고 있다. 고린도후서 4:6-10절은 이 생명의 빛이 어둠 가운데 비추었다고 말씀한다. 이 보배를 질그릇 속에 가지고 있다고 했다. 첫째 날은 촛대의 생명의 빛이다. 촛대의 생명의 빛은 말씀과 기도로 생명의 빛을 발하는 것이다.

둘째 날 주제인 참 믿음이란 "마음에 예수 그리스도의 피 뿌림을 받아서 악한 양심에서 벗어나고 몸은 맑은 물로 씻음을 받았으니 참 마음과 온전한 믿음으로 하나님께 나아가는 믿음"을 말한다. 성막의 구속사를 통해 죄 사함의 복음을 전한다. 예수님은 하나님의 뜻을 이루기 위하여 이 세상에 오셨다. 하나님의 뜻은 "첫째 것을 폐하시고, 둘째 것을 세우려 하심이라. 이 뜻을 따라 예수 그리스도의 몸을 단번에 드리심으로 말미암아 우리가 거룩함을 받았노라. 그가 거룩하게 된 자들을 한 번의 제사로 영원히 온전하게 하셨느니라."는 말씀과 마태복음 5:17-18절, 요한복음 6:38-

40절, 히10:9-14절의 말씀이다.

　죄 사함의 복음은 세상 죄를 지고 가는 하나님의 어린 양, 요 1:29절이다. 요한복음 19:30절은 "다 이루었다."고 말씀하신다. 또한 죄 사함의 복음은 "그리스도는 모든 믿는 자에게 의를 이루기 위하여 율법의 마침이 되시니라."고 로마서 10:4절에 말씀하신다. 죄 사함의 복음은 "그리스도 예수 안에 있는 속량으로 말미암아 하나님의 은혜로 값없이 의롭다 하심을 얻은 자 되었느니라. 자기도 의로우시며 또한 예수 믿은 자를 의롭다 하려 하심"(롬 3:24-26)과 에베소서 2:8절에서 말씀한 "은혜에 의한 하나님의 선물"이다.

　성막 집회 둘째 날은 또한 법궤의 기적을 말한다. 법궤는 하나님의 영광의 임재를 상징한다. 이스라엘 백성들이 광야 생활을 마치고 약속의 가나안 땅에 들어갈 때 요단강을 건너야 했다. 요단강 물이 둑까지 넘실거렸다. 그때 법궤를 멘 제사장들이 요단강에 발을 내딛자 저 위에서부터 물이 끊어졌다. 그래서 이스라엘 백성들이 건너갔다. 법궤로 인해 요단강 물이 끊어졌다. 법궤 안에는 하나님의 말씀이 있다. 하나님의 기적은 하나님의 말씀에서 이루어진다. 그러므로 오늘날 우리는 말씀으로 돌아가야 한다. 종교개혁자들의 주장대로 오직 말씀, 오직 믿음, 오직 은혜, 오직 하나님께 영광이 되어야 한다.

　성막 집회 셋째 날 주제는 이스라엘 백성의 하루에 대한 것이다. 하나님은 이스라엘 백성을 낮에는 구름 기둥으로 인도하셨고, 저녁에는 불 기둥으로 이스라엘의 장막을 훈훈하게 보호하셨다. 구름 기둥과 불 기둥은 영적으로 성령의 불을 의미한다. 번제단의 제물은 바로 이 성령의 불로 태우는 것이다. 그 불은 꺼지게 해서는 안 되며 다른 불로 제사를 드려도 안 된다. 엘리야가 갈멜산에서 기도할 때 아브라함과 이삭과 야곱의 이름으로 응답받은 불도 바로 이 불이었다(왕상 18:36). 예수님은 이 세상을 떠나기 전 주님 없는 생을 걱정하며 두려움에 떨고 있던 제자들에게 당신의 이름으로 보혜사 성령을 보내시겠다고 약속하셨다(요 14:26). 또 예수님이 부활하신 후 제자들에게 찾아와서 '예루살렘을 떠나지 말고 내게서 들은 바 아버지께서 약속하신 것을 기다리라'(행 1:4)고 하실 때 그 말씀을 믿고 순종한 초대 교회 성도들은 성령 충만을 받고 복음을 담대히 전했다(행 2:1-4).

　시므온은 의롭고 경건하고 이스라엘의 위로를 기다린 자였다. 그 위에 성령이 계시고, 성령의 지시를 받았으며 성령의 감동으로 예수 그리스도를 인격적으로 만나 "내 눈이 주의 구원을 보았다."

라고 말했다(눅 2:25-32). 예수님의 공생애 중에는 성령이 제자들 '위에' 있었다. 그래서 베드로는 예수님을 "주는 그리스도시요 살아계신 하나님의 아들"이라고 고백했다. 그러나 오순절 성령 강림 이후에는 성령이 제자들의 '마음'에 임했다. 요한복음 14:17절에 성령이 너희와 함께 거하시며 너희 속에 계시겠음이라는 신앙의 큰 차이점이 있다. 성령이 위에 있는 것과 속에 있는 것은 분명 다르다.

진리로 회복된 양심이란 "영원하신 성령으로 말미암아 흠 없는 자기를 하나님께 드린 그리스도의 피가 양심을 죽은 행실에서 깨끗하게 하고 살아 계신 하나님을 섬기게 하신" 것을 말한다. 예수님은 산상 설교 중에 "예물을 번제단에 드리려다가 형제에게 원망들을 만한 일이 생각나거든 예물을 제단 앞에 두고 먼저 가서 형제와 화목하고 그 후에 와서 예물을 드리라. 너를 고발한 자와 함께 길에 있을 때 급히 사화하라. 네가 한 푼이라도 남김이 없이 다 갚기 전에는 결코 거기서 나오지 못하리라."고 말씀하셨다. 양심의 송사를 해결하라는 말씀이다. 마태복음 5:23-26의 말씀은 히브리서 9:14절, 히브리서 10:22절, 베드로전서 3:21의 말씀과 연결된다.

영광스러운 교회는 출애굽기 40:34-38의 여호와의 영광이 성막에 충만하고 이스라엘 자손은 구름이 성막에 떠오를 때는 행진하여 앞으로 나아갔고, 구름이 떠오르지 않을 때는 머물러 있었다. "이스라엘 온 족속이 그 모든 행진하는 길에서 그들의 눈으로 보았더라." 영광스러운 교회란 진리의 성령으로 충만해야 한다. 광야에 성막이 처음 세워졌을 때, 마침내 시내 산 정상에 머물러 있던 구름이 성막으로 이동하였다. 그런데 하나님의 광휘가 얼마나 강렬했던지 감히 모세가 그 안으로 들어갈 수 없었다고 말한다. 하나님의 임재하심을 목격하는 순간이다(출 39:34-38). 이처럼 영광스러운 교회는 하나님의 영광으로 가득차야 한다. 마찬가지로 교회에는 하나님의 얼굴을 구하는 믿음의 축복이 있어야 한다. "여호와는 그 얼굴을 네게 베푸사 은혜 베푸시기를 원하며 여호와는 그 얼굴을 네게 향하사 평강 주시기를 원하신다."(민 6:24-26)는 제사장 모세의 축복처럼 영광스러운 교회는 여호와의 얼굴 속에서 평강을 얻는다. 영광스러운 교회는 말씀이 육신이 되신 예수 그리스도의 은혜와 진리가 충만하고 은혜 위에 은혜가 넘치는 교회이다. 요한복음 1:14-18, 에베소서 2:21-22, 시편 133편과 같은 교회이다.

03. 우리가 어찌할꼬

오순절 성령 강림 때 베드로에게 임했던 성령이 회중들의 마음 속에 임했다. 베드로가 설교를 시작하자 그 설교를 들었던 많은 회중이 마음에 찔려 베드로와 다른 사도들에게 "형제들아 우리가 어찌할꼬"라고 말했다. 그러자 베드로는 "너희가 회개하여 각각 예수 그리스도의 이름으로 세례를 받고 죄 사함을 받으라. 그리하면 성령을 선물로 받으리라."고 말했다. 그리하여 3천 명이 회개하고 세례를 받고 사도의 가르침을 듣고 서로 교제하고 떡을 떼며 오로지 기도하기를 힘쓰게 되었다(행 2:37-42). 이것이 초대 교회의 시작이다.

초대 교회는 회개로부터 시작되었다. 회개란 헬라어로 '메타노이아'(μετάνοια)인데, 이는 '마음을 돌이킨다'는 뜻이다. 하나님을 거역하고 하나님의 뜻을 거스르고 살았던 타락한 마음을 버리고 하나님을 사랑하고 하나님의 뜻에 순종하는 자리로 돌아오는 것을 말한다. 위대한 성도일수록 그 사실을 깊이 알고 있다. 회개는 자신의 죄된 본성에 대한 자각을 포함한다. 로마서 7장 18, 24절에 보면, "내 속 곧 내 육신에 선한 것이 거하지 아니하는 줄을 아노니 원함은 내게 있으나 선을 행하는 것은 없노라 … 오호라 나는 곤고한 사람이로다. 이 사망의 몸에서 누가 나를 건져내랴."고 말하고 있다.

사도행전 10:1-4에 따르면, 이방인 군대 백부장 고넬료는 생명 얻는 회개가 있기 전에 경건하고 온 집안과 더불어 하나님을 경외하고 백성을 구제하고 기도가 하나님 앞에 상달되었다. 생명 얻는 회개란 고넬료가 사도 베드로를 만나 그의 설교를 듣고 죄 사함과 선물로 성령을 받은 것을 말한다(행 10:43-45).

예수님께서는 복음 전파 일성으로 "회개하라 천국이 가까이 왔느니라."(마 4:17), "하나님의 나라가 가까이 왔으니 회개하고 복음을 믿으라."(막 1:15)고 말씀하셨다. 또한 "내가 하나님의 성령을 힘입어 귀신을 쫓아내는 것이면, 하나님의 나라가 이미 너희에게 임하였느니라."고 마태복음 12:28에 말씀하셨다. 누가복음 12:20에도 같은 말씀이 선포되고 있다. "하나님의 나라는 볼 수 있게 임하는 것이 아니요 또 여기 있다 저기 있다고도 못하리니 하나님의 나라는 너희 안에 있느니라."(눅 17:20-21)

이 복음을 증거하기 위한 첫째 주제는 "중생과 성령"이다. "오직 그의 긍휼하심을 따라 중생의 씻음과 성령의 새롭게 하심으로 하였나니."(딛 3:5) "긍휼이 풍성하신 하나님이 우리를 사랑하신 그 큰 사랑을 인하여 허물로 죽은 우리를 그리스도와 함께 살리셨고 또 함께 일으키사 그리스도 예수 안에서 함께 하늘에 앉히시니 … 그 은혜에 의하여 믿음으로 말미암아 구원을 받았나니 이것은 너희에게서 난 것이 아니요 하나님의 선물이라."(엡 2:4-9, 마 9:10-13 참조)

둘째 날 새벽 주제는 "성령의 교제"이다. "믿는 사람이 다 함께 있어 모든 물건을 서로 통용하고 재산과 소유를 팔아 각 사람의 필요를 따라 나누어 주며 날마다 마음을 같이하여 성전에 모이기를 힘쓰고."(행 2:43-47)

둘째 날 오전 주제는 "그리스도의 마음"이다. 그리스도의 마음에 속한 자가 있고 육에 속한 사람이 있다. 또 육신에 속한 자도 있다. 그리스도인이란 그리스도의 마음을 가진 자를 말한다. 그들을 일컬어서 신령하다고 말한다. 둘째 날 오후 주제는 "세 가지 축복"이다. 첫째는 일어나 빛을 발하는 영권, 둘째는 사방에 무리가 모여드는 인권, 셋째는 땅의 부와 바다의 부가 나에게로 돌아오는 물권이다(사 60:1-5).

셋째 날 새벽 주제는 "이기는 영성"이다. 야곱은 얍복 강가의 씨름에서 이기는 믿음으로 야곱에서 이스라엘이 되었다. 성경에서는 이기는 믿음에 대해서 많은 말씀을 하고 있다. 예수님은 "내가 세상을 이겼다. 내 안에서 평안함을 가지라."고 말씀하셨다(요 16:33). 사도 요한은 요한계시록 3장과 4장에서 이기고 믿는 자는 하나님의 낙원에 있는 생명나무 열매를 받아서 먹게 된다고 말씀했다. 이기는 자는 둘째 사망의 해를 받지 아니한다. 이기는 자는 만나를 먹고 흰 돌을 받는데 그 돌 위에 새 이름이 기록된다. 이기는 자는 철장을 가지고 질그릇 깨뜨리는 것과 같은 권세를 얻는다. 이기는 자는 흰 옷을 입고 그 이름이 생명책에 기록된다. 이기는 자는 성전의 기둥이 된다. 이기는 자는 아버지의 보좌에 함께 앉게 하여 주신다. 이기는 자는 생명수 샘물을 값없이 마신다(계 2:7, 행 2:7.11, 17, 계 3:5, 12, 21, 계 21:6-7).

셋째 날 오전 주제는 "성령의 권능"이다. 예수님은 승천하시기 전 제자들에게 예루살렘을 떠나지 말고 약속한 성령으로 세례를 받으라고 하셨다. 성령이 임하면 권능을 받고 예수님의 증인이 되리라고 했다. 권능이라는 말은 헬라어로 뒤나미스(δύναμις), 영어로는 다이너마이트, 한국말로는 폭탄이다. 예수님의 증인은 성령의 권능으로 폭탄과 같은 힘을 가지고 수많은 영혼을 깨우고 복음으로 죄와 사탄과 사망의 권세 아래 있는 자들을 구원한다.

교회의 머리는 예수 그리스도시다. 그는 십자가의 피로 화평을 이루시고 우리를 거룩하고 흠 없고 책망할 것이 없는 자로 그 앞에 세우고자 하셨다(골 1:18-22). 교회란 성령의 전을 의미한다(고전 6:19-20). 교회란 성령 안에서 하나님이 거하시는 처소가 되기 위하여 그리스도 예수 안에서 함께 지어져 가는 것이다(엡 2:22). 교회란 믿음 소망 사랑을 나누는 곳이다. 그중 제일인 사랑으로 이루어진 공동체이다(고전 13:13).

04. 성경이 무엇을 말하느뇨

사도 바울은 "성경이 무엇을 말하느냐 아브라함이 하나님을 믿으매 그것이 그에게 의로 여겨진 바 되었느니라. 일 하는 자에게는 그 삯이 은혜로 여겨지지 아니하고 보수로 여겨지거니와 일을 아니할지라도 경건하지 아니한 자를 의롭다 하신 이를 믿는 자에게는 그의 믿음을 의로 여기신다."라는 로마서 4:3-8절의 말씀을 통해 은혜란 무엇인지 말씀했다. 또한 다윗은 "불법이 사함을 받고 죄가 가리워짐을 받은 사람들은 복이 있고 주께서 그 죄를 인정하지 아니하는 사람은 복이 있도다 함과 같으니라."(시 32:1-2)는 말씀을 통해 사람의 참 행복에 대하여 말씀했다.

첫째 날 주제는 "하나님의 부르심"이다. 하나님이 아브라함을 75세 때에 부르신 것에 대해 말한다(창 12:1-4). 사도 바울은 부르심에 대해 로마서 8:28-30에서 "하나님이 미리 아신 자들을 그 아들의 형상을 본받게 하기 위하여 미리 정하시고 또한 부르시고 또한 의롭다 하시고 또한 영화롭게 하셨느니라."고 말씀한다.

둘째 날 첫 번째 주제는 "참 예배"이다. 아브라함은 하나님의 부르심을 받고 장막을 옮겨 가면서 제단을 쌓았다. 제단을 쌓고 여호와의 이름을 부르며 점점 남방으로 옮겨갔다(창 12:7-9). 참 예배란 예수님께서 사마리아 여인에게 "예배할 때가 오나니 곧 이때라 아버지께서는 자기에게 이렇게 예배하는 자들을 찾으시느니라. 하나님은 영이시니 예배하는 자가 영과 진리로 예배할지니라."고 말씀하신 영적 예배이다(요 4:21-24). 예수님께서 참된 예배에 대해서 진리를 제시하셨다. 곧 하나님의 임재 가운데 있는 교회에서 진리 되신 예수님 안에서 그분을 통해 예배드려야 할 것과 성령을 의지하여 성령의 임재 가운데 예배드리도록 가르쳐주셨다. 사도바울은 참된 삶의 예배란 "너희 몸을 하나님이 기뻐하시는 몸으로 드리라. 이는 너희가 드릴 영적 예배"라고 했다. 그리고 "이 세대를 본받지 말고 마음을 새롭게 함으로 변화를 받아 하나님의 선하시고 기뻐하시고 온전하신 뜻이 무엇인지를 분별하도록 하라."고 로마서 12:1-2에서 말씀했다.

둘째 날 두 번째 주제는 "참된 십일조"이다. 먼저, 아브라함과 멜기세덱의 이야기다. 아브라함이 전쟁에서 승리하고 재물을 가지고 돌아올 때 "멜기세덱이 아브라함에게 축복하여 지극히 높으신 하나님이여 아브람에게 복을 주옵소서. 지극히 높으신 하나님을 찬송하매 아브라함이 그 얻은 것에서 십 분의 일을 멜기세덱에게 주었더라."는 말씀이다(창 14:17-20). 또한 야곱의 서원이다. "야곱이 하나님께 서원하여 이르되 하나님이 나와 함께 계셔서 내가 가는 이 길에서 나를 지키시고 먹을 것과 입을 옷을 주시고 내가 평안히 아버지 집으로 돌아가게 하시면 내게 주신 모든 것에서 십 분의 일을 반드시 하나님께 드리겠나이다 하였더라."(창 28:20-22) 예수님께서는 "화 있을진저 외식하는 서기관들과 바리새인들이여 너희가 박하와 회향과 근채의 십일조는 드리되 율법의 더 중한 바 정의와 긍휼과 믿음은 버렸도다. 그러나 이것도 행하고 저것도 버리지 말아야 할지니라."(마 23:23)고 말씀하셨다.

사도 바울은 빌립보 교인들이 데살로니가에 있을 때 풍성한 예물을 드린 것을 두고 이를 "향기로운 제물이요 하나님을 기쁘시게 한 것이라. 나의 하나님이 영광 가운데 풍성하게 채우실 것"(빌 4:16-19)이라고 하면서 그들을 축복했다.

둘째 날 세 번째 주제는 하나님이 아브라함의 나이 85세 즈음 나타나셔서 "나는 너의 방패와 너의 큰 상급"이라고 하신 내용을 중점으로 다룬다. "아브라함이 이르되 주 여호와여 무엇을 내게 주시려 하나이까. 나는 자식이 없사오니 나의 상속자는 이 다메섹 사람 엘리에셀이니이다. 하나님이 그를 이끌고 밖으로 나가 이르시되 하늘의 뭇 별처럼 네 자손이 이와 같으리라."고 말씀하실 때 "아브라함이 여호와를 믿으니 여호와께서 이를 그의 의로 여기"셨다.

바울은 이 의에 대해 로마서 3:24에서 "그리스도 예수 안에 있는 속량으로 말미암아 하나님의 은혜로 값없이 의롭다 하심을 얻은자 되었느니라."고 말씀했다. 또한 아브라함의 믿음에 대해서는 "아브라함이 바랄 수 없는 중에 바라고 믿었으니 그것이 그에게 의로 여겨졌느니라. 아브라함만 위한 것이 아니요 의로 여기심을 받을 우리도 위함이니 … 예수는 우리가 범죄한 것 때문에 내어줌이 되고 또한 우리를 의롭다 하시기 위하여 살아나셨느니라."(롬 4:18-25)고 말씀했다.

사도 바울은 아브라함의 믿음과 예수 그리스도의 속량을 말했다. "그리스도께서 우리를 위하여 저주를 받은 바 되사 율법의 저주에서 속량하셨으니 … 그리스도 예수 안에서 아브라함의 복이 이방인에게 미치게 하고 성령의 약속을 받게 하려 함이라."(갈 3:13-14) 이 약속을 받은 자들은 하나님의 유업을 이을 자들이다. "율법 아래 있는 자들을 속량하시고 우리로 아들의 명분을 얻게 하려 하심이라. 아들이면 하나님으로 말미암아 유업을 얻을 자니라."(롬 4:5-7) 그러나 이 믿음이 오기까지는 과정이 필요하다. "믿음이 오기 전에 우리는 율법 아래 매인 바 되고 계시될 믿음의 때까지 갇혔느니라. 율법이 우리를 그리스도에게로 인도하여 믿음으로 말미암아 의롭다 함을 얻게 하려 함이라."(갈 3:23-24)

05. 생명 얻는 회개 (행 11:16-18)

1. 진정성 있는 회개란

한국 교회 신자들이 가지고 있는 오해 가운데 '회개'만큼 신앙생활을 잘못된 길로 이끄는 것은 없다고 해도 과언이 아닐 것이다. 회개의 진정한 의미를 모르기 때문에 신앙생활이 형식적이고 반복적인 회개로 그치는 경우가 아주 많다. 회개란 헬라어로 "메타노이아"(μετάνοια, change in one's way of life resulting from penitence or spiritual conversion)이다. 메타(after, beyond)는 전치사이고, 노이아(thought)의 동사 원형인 '노에오'(consider, perceive, think, understand)는 '알다, 생각하다' 혹은 '마음'과 관련된 뜻을 내포하고 있는데, 이 두 단어가 결합하여 "생각을 바꾸다", "마음을 돌이키다"라는 의미가 된다. 다시 말하면, 회개(a change of mind)란 이전에 가지고 있던 생각이나 마음을 180° 전환하는 것을 뜻한다. 그러므로 회개란 형식적이고 반복적인 반성과는 거리가 멀다. 회개의 본래적 의미는 이전 삶에서의 완전한 돌이킴을 의미하는 것이다.

2. 이방인 백부장 고넬료의 생명 얻는 회개

1) 고넬료는 생명 얻는 회개가 있기 전에 경건하고 온 집안과 더불어 하나님을 경외하며 백성을 많이 구제하여 기도가 하나님 앞에 상달되었다.

① "가이사랴에 고넬료라 하는 사람이 있으니 이달리야 부대라 하는 군대의 백부장이라. 그가 경건하여 온 집안과 더불어 하나님을 경외하며 백성을 많이 구제하고 하나님께 항상 기도하더니 하루는 제 구 시쯤 되어 환상 중에 밝히 보매 하나님의 사자가 들어와 이르되 고넬료야 하니 고넬료가 주목하여 보고 두려워 이르되 주여 무슨 일이니이까 천사가 이르되 네 기도와 구제가 하나님 앞에 상달되어 기억하신 바가 되었으니."(행 10:1-4)

2) 고넬료가 사도 베드로의 설교를 듣고 죄 사함과 성령을 선물로 받은 것을 곧 생명 얻는 회개라고 한다. 다시 말하면 초대 교회 신자들이 성령 받은 것을 다른 말로 '생명 얻는 회개'라고 표현하고 있다.

① "그에 대하여 모든 선지자도 증언하되 그를 믿는 사람들이 다 그의 이름을 힘입어 죄 사함을 받는다 하였느니라. 베드로가 이 말을 할 때에 성령이 말씀 듣는 모든 사람에게 내려오시니 베드로와 함께 온 할례 받은 신자들이 이방인들에게도 성령 부어 주심

으로 말미암아 놀라니."(행 10:43-45)

② "그들이 이 말을 듣고 잠잠하여 하나님께 영광을 돌려 이르되 그러면 하나님께서 이방인에게도 생명 얻는 회개를 주셨도다 하니라."(행 11:18)

3. 오순절 성령 강림 이후 베드로의 설교는 생명 얻는 회개의 복음으로 마음을 새롭게 하는 선포였다.

① "그들이 이 말을 듣고 마음에 찔려 베드로와 다른 사도들에게 물어 이르되 형제들아 우리가 어찌할꼬 하거늘 베드로가 이르되 너희가 회개하여 각각 예수 그리스도의 이름으로 세례를 받고 죄 사함을 받으라. 그리하면 성령의 선물을 받으리니."(행2:37-38)

② "너희가 회개하고 돌이켜 너희 죄 없이 함을 받으라. 이같이 하면 새롭게 되는 날이 주 앞으로부터 이를 것이요."(행 3:19)

4. 예수 그리스도께서 40일 금식 기도와 광야에서 시험을 이기시고 선포하신 복음이 천국(생명) 얻는 회개이다.

① "이 때부터 예수께서 비로소 전파하여 이르시되 회개하라 천국이 가까이 왔느니라 하시더라."(마 4:17)

② "이르시되 때가 찼고 하나님의 나라가 가까이 왔으니 회개하고 복음을 믿으라 하시더라."(막 1:15)

5. 예수 그리스도께서 성령을 힘입어 생명 얻는 회개로 마음에 하나님의 나라(천국)가 임하게 하셨다.

① "내가 하나님의 성령을 힘입어 귀신을 쫓아내는 것이면 하나님의 나라가 이미 너희에게 임하였느니라."(마 12:28)

② "내가 만일 하나님의 손을 힘입어 귀신을 쫓아낸다면 하나님의 나라가 이미 너희에게 임하였느니라."(눅 11:20)

③ "바리새인들이 하나님의 나라가 어느 때에 임하나이까 묻거늘 예수께서 대답하여 이르시되 하나님의 나라는 볼 수 있게 임하는 것이 아니요 또 여기 있다 저기 있다고도 못하리니 하나님의 나라는 너희 안에 있느니라."(눅 17:20-21)

6. 오순절 성령 강림을 통한 복음 사역은 생명 얻는 회개로 성령 안에서 하나님의 나라의 의와 평강과 희락이다.

① "하나님의 나라는 먹는 것과 마시는 것이 아니요 오직 성령 안에 있는 의와 평강과 희락이라. 이로써 그리스도를 섬기는 자는 하나님을 기쁘시게 하며 사람에게도 칭찬을 받느니라. 그러므로 우리가 화평의 일과 서로 덕을 세우는 일을 힘쓰나니."(롬 14:17-19)

7. 생명 얻는 회개는 오직 예수 그리스도 말미암는 하나님의 은혜로 가능하다.

① "예수께서 이르시되 나는 부활이요 생명이니 나를 믿는 자는 죽어도 살겠고 무릇 살아서 나를 믿는 자는 영원히 죽지 아니하리니 이것을 네가 믿느냐."(요 11:25-26)

② "내가 진실로 진실로 너희에게 이르노니 내 말을 듣고 또 나 보내신 이를 믿는 자는 영생을 얻었고 심판에 이르지 아니하나니 사망에서 생명으로 옮겼느니라. 진실로 진실로 너희에게 이르노니 죽은 자들이 하나님의 아들의 음성을 들을 때가 오나니 곧 이 때라 듣는 자는 살아나리라."(요 5:24-25)

③ "아들이 있는 자에게는 생명이 있고 하나님의 아들이 없는 자에게는 생명이 없느니라."(요일 5:12)

④ "너희는 그 은혜에 의하여 믿음으로 말미암아 구원을 받았으니 이것은 너희에게서 난 것이 아니요 하나님의 선물이라."(엡 2:8)

8. 생명 얻는 회개는 중생의 씻음과 성령의 새롭게 하심으로 가능하다.

① "우리를 구원하시되 우리가 행한 바 의로운 행위로 말미암지 아니하고 오직 그의 긍휼하심을 따라 중생의 씻음과 성령의 새롭게 하심으로 하셨나니 우리 구주 예수 그리스도로 말미암아 우리에게 그 성령을 풍성히 부어 주사 우리로 그의 은혜를 힘입어 의롭다 하심을 얻어 영생의 소망을 따라 상속자가 되게 하려 하심이

라."(딛 3:5-7)

9. 생명 얻는 회개로 양심의 문제가 해결되어 양심이 하나님을 향하여 나아간다.

① "여호와 하나님이 아담을 부르시며 그에게 이르시되 네가 어디 있느냐 이르되 내가 동산에서 하나님의 소리를 듣고 내가 벗었으므로 두려워하여 숨었나이다. 이르시되 누가 너의 벗었음을 네게 알렸느냐 내가 네게 먹지 말라 명한 그 나무 열매를 네가 먹었느냐 … 여호와 하나님이 아담과 그의 아내를 위하여 가죽옷을 지어 입히시니라."(창 3:9-11, 21)

② "너를 고발하는 자와 함께 길에 있을 때에 급히 사화하라. 그 고발하는 자가 너를 재판관에게 내어 주고 재판관이 옥리에게 내어 주어 옥에 가둘까 염려하라. 진실로 네게 이르노니 네가 한 푼이라도 남김이 없이 다 갚기 전에는 결코 거기서 나오지 못하리라."(마 5:25-26; 요 8:1-11)

③ "하물며 영원하신 성령으로 말미암아 흠 없는 자기를 하나님께 드린 그리스도의 피가 어찌 너희 양심을 죽은 행실에서 깨끗하게 하고 살아 계신 하나님을 섬기게 하지 못하겠느냐."(히 9:14)

④ "우리가 마음에 뿌림을 받아 악한 양심으로부터 벗어나고 몸은 맑은 물로 씻음을 받았으니 참 마음과 온전한 믿음으로 하나님

께 나아가자."(히 10:22)

⑤ "물은 예수 그리스도께서 부활하심으로 말미암아 이제 너희를 구원하는 표니 곧 세례라. 이는 육체의 더러운 것을 제하여 버림이 아니요 하나님을 향한 선한 양심의 간구니라."(벧전 3:21)

10. 생명 얻는 회개는 신성한 성품과 그리스도의 마음으로 아비된 자세로 복음 사역을 하게 한다.

① "그 보배롭고 지극히 큰 약속을 우리에게 주사 이 약속으로 말미암아 너희가 정욕 때문에 세상에서 썩어질 것을 피하여 신성한 성품에 참여하는 자가 되게 하려 하셨느니라."(벧후 1:4)

② "신령한 자는 모든 것을 판단하나 자기는 아무에게도 판단을 받지 아니하느니라. 누가 주의 마음을 알아서 주를 가르치겠느냐 그러나 우리가 그리스도의 마음을 가졌느니라."(고전 2:15-16)

③ "그리스도 안에서 일만 스승이 있으되 아버지는 많지 아니하니 그리스도 예수 안에서 내가 복음으로써 너희를 낳았음이라."(고전 4:15)

④ "갇힌 중에서 낳은 아들 오네시모를 위하여 네게 간구하노라. … 그가 만일 네게 불의를 하였거나 네게 빚진 것이 있으면 그것을 내 앞으로 계산하라. … 오 형제여 나로 주 안에서 너로 말미암아 기쁨을 얻게 하고 내 마음이 그리스도 안에서 평안하게 하

라."(몬 1:10, 18, 20)

생명 얻는 회개는 예수님이 성령으로 전한 복음이다. "회개하라 천국이 가까이 왔다."라는 말씀이 마음에 이루어지는 것이다. 그래서 예수님은 "하나님의 나라는 볼 수 있게 임하는 것이 아니요 또 여기 있다 저기 있다고도 못하리니 하나님의 나라는 너희 안에 있다."라고 하셨다. 사도 바울은 회개 즉 메타노이아가 된 마음은 먹는 것과 마시는 것이 아니요 성령 안에 있는 의와 평강과 희락이라고 했다(롬 14:17-19).

생명 얻는 회개를 한 자는 부활의 주를 믿고 하나님의 아들을 믿는 자이다. "나는 부활이요 생명이니 나를 믿는 자는 죽어도 살겠고 무릇 살아서 나를 믿는 자는 영원히 죽지 아니하리니 이것을 네가 믿느냐"(요 11:25-26), "내가 진실로 진실로 네게 이르노니 내 말을 듣고 또 나 보내신 이를 믿는 자는 영생을 얻었고"(요 5:24-25), "아들이 있는 자에게는 생명이 있고 하나님의 아들이 없는 자에게는 생명이 없느니라."(요일 5:12)

생명 얻는 회개를 한 자는 신적인 성품을 갖는다. 그리고 그리스도의 마음을 지니고 아비 된 자로서 복음 사역을 하게 된다. "세상에서 썩어질 것을 피하여 신성한 성품에 참여한 자가 되게 하려 하셨느니라."(벧후 1:4) "누가 주의 마음을 알아서 주를 가르치겠느냐 우리가 그리스도의 마음을 가졌느니라."(고전 2:15-16) "그리스도 안에서 일만 스승이 있으되 아비는 많지 아니하니 그리스도 예수 안에서 내가 복음으로 너희를 낳았음이라."(고전 4:15) "갇힌 중에서 낳은 아들 오네시모를 위하여 네게 간구하노라. … 그가 만일 네게 불의를 하였거나 네게 빚진 것이 있으면 그것을 내 앞으로 계산하라. … 오 형제여 나로 주 안에서 너로 말미암아 기쁨을 얻게 하고 내 마음이 그리스도 안에서 평안하게 하라."(몬 1:10, 18, 20)

06. 생명 얻는 회개와 복음

1. 복음이란 무엇인가?

복음은 하나님께서 예수 그리스도를 이 땅에 보내주셔서 우리를 죄에서 구원해 주신 것을 말한다. 그래서 복음은 곧 예수 그리스도이다. 마가는 예수 그리스도의 공생애 자체가 복음의 기쁜 소식임을 알리는 의미로 마가복음의 서두를 다음과 같이 시작하고 있다. "하나님의 아들 예수 그리스도의 복음의 시작이라."(막 1:1) 예수님이 하나님의 아들 그리스도라는 것이 바로 복음이다. 복음은 단어의 뜻 그대로 기쁜 소식인데, 누가복음은 이 기쁜 소식이 온 백성에게 미치는 것임을 천명하고 있다. "천사가 이르되 무서워하지 말라. 보라 내가 온 백성에게 미칠 큰 기쁨의 좋은 소식을 너희에게 전하노라."(눅 2:10) 그래서 복음의 소식을 들은 우리는 하나님 없던 삶에서 돌이켜(회개) 예수가 그리스도라는 복음의 소식을 받아들여야 한다. 그것이 바로 생명 얻는 회개의 시작이자 끝이다.

2. 예수님과 사도들이 증거한 복음

1) 예수 그리스도께서 선포한 복음

① "이 때부터 예수께서 비로소 전파하여 이르시되 회개하라 천국이 가까이 왔느니라 하시더라."(마 4:17)

② "이르시되 때가 찼고 하나님의 나라가 가까이 왔으니 회개하고 복음을 믿으라 하시더라."(막 1:15)

③ "예수께서 그들의 믿음을 보시고 중풍병자에게 이르시되 작은 자야 네 죄 사함을 받았느니라 하시니."(막 2:5)

④ "내가 진실로 진실로 너희에게 이르노니 내 말을 듣고 또 나 보내신 이를 믿는 자는 영생을 얻었고 심판에 이르지 아니하나니 사망에서 생명으로 옮겼느니라."(요 5:24)

2) 사도 베드로가 선포한 거듭남의 복음

① "우리 주 예수 그리스도의 아버지 하나님을 찬송하리로다. 그의 많으신 긍휼대로 예수 그리스도를 죽은 자 가운데서 부활하게 하심으로 말미암아 우리를 거듭나게 하사 산 소망이 있게 하시며 썩지 않고 더럽지 않고 쇠하지 아니하는 유업을 잇게 하시나니 곧 너희를 위하여 하늘에 간직하신 것이라."(벧전 1:3-4)

② "너희가 거듭난 것은 썩어질 씨로 된 것이 아니요 썩지 아니할 씨로 된 것이니 살아 있고 항상 있는 하나님의 말씀으로 되었

느니라. 그러므로 모든 육체는 풀과 같고 그 모든 영광은 풀의 꽃과 같으니 풀은 마르고 꽃은 떨어지되 오직 주의 말씀은 세세토록 있도다 하였으니 너희에게 전한 복음이 곧 이 말씀이니라."(벧전 1:23-25)

③ "믿음의 결국 곧 영혼의 구원을 받음이라."(벧전 1:9)

④ "예수 그리스도의 종이며 사도인 시몬 베드로는 우리 하나님과 구주 예수 그리스도의 의를 힘입어 동일하게 보배로운 믿음을 우리와 함께 받은 자들에게 편지하노니 하나님과 우리 주 예수를 앎으로 은혜와 평강이 너희에게 더욱 많을지어다."(벧후 1:1-2)

3) 사도 요한이 선포한 거듭남의 복음

① "태초부터 있는 생명의 말씀에 관하여는 우리가 들은 바요 눈으로 본 바요 자세히 보고 우리의 손으로 만진 바라. 이 생명이 나타내신 바 된지라. 이 영원한 생명을 우리가 보았고 증언하여 너희에게 전하노니 이는 아버지와 함께 계시다가 우리에게 나타내신 바 된 이시니라."(요일 1:1-2)

② "너희는 주께 받은 바 기름 부음이 너희 안에 거하나니 아무도 너희를 가르칠 필요가 없고 오직 그의 기름 부음이 모든 것을 너희에게 가르치며 또 참되고 거짓이 없으니 너희를 가르치신 그대로 주 안에 거하라. 자녀들아 이제 그의 안에 거하라. 이는 주께

서 나타내신 바 되면 그가 강림하실 때에 우리로 담대함을 얻어 그 앞에서 부끄럽지 않게 하려 함이라. 너희가 그가 의로우신 줄을 알면 의를 행하는 자마다 그에게서 난 줄을 알리라."(요일 2:27-29)

③ "사랑은 여기 있으니 우리가 하나님을 사랑한 것이 아니요 하나님이 우리를 사랑하사 우리 죄를 속하기 위하여 화목제물로 그 아들을 보내셨음이라. 사랑하는 자들아 하나님이 이같이 우리를 사랑하셨은즉 우리도 서로 사랑하는 것이 마땅하도다. 어느 때나 하나님을 본 사람이 없으되 만일 우리가 서로 사랑하면 하나님이 우리 안에 거하시고 그의 사랑이 우리 안에 온전히 이루어지느니라."(요일 4:10-12)

④ "또 증거는 이것이니 하나님이 우리에게 영생을 주신 것과 이 생명이 그의 아들 안에 있는 그것이니라. 아들이 있는 자에게는 생명이 있고 하나님의 아들이 없는 자에게는 생명이 없느니라. 내가 하나님의 아들의 이름을 믿는 너희에게 이것을 쓰는 것은 너희로 하여금 너희에게 영생이 있음을 알게 하려 함이라."(요일 5:11-13)

4) 사도 바울이 로마서에서 선포한 거듭남의 복음

① "내가 복음을 부끄러워하지 아니하노니 이 복음은 모든 믿는 자에게 구원을 주시는 하나님의 능력이 됨이라. 먼저는 유대인에

게요 그리고 헬라인에게로다. 복음에는 하나님의 의가 나타나서 믿음으로 믿음에 이르게 하나니 기록된 바 오직 의인은 믿음으로 말미암아 살리라 함과 같으니라."(롬 1:16-17)

② "이제는 율법 외에 하나님의 한 의가 나타났으니 율법과 선지자들에게 증거를 받은 것이라. 곧 예수 그리스도를 믿음으로 말미암아 모든 믿는 자에게 미치는 하나님의 의니 차별이 없느니라 … 그리스도 예수 안에 있는 속량으로 말미암아 하나님의 은혜로 값없이 의롭다 하심을 얻은 자 되었느니라."(롬 3:21-22, 24)

③ "성경이 무엇을 말하느냐 아브라함이 하나님을 믿으매 그것이 그에게 의로 여겨진 바 되었느니라. … 예수는 우리가 범죄한 것 때문에 내줌이 되고 또한 우리를 의롭다 하시기 위하여 살아나셨느니라."(롬 4:3, 25)

④ "그런즉 한 범죄로 많은 사람이 정죄에 이른 것같이 한 의로운 행위로 말미암아 많은 사람이 의롭다 하심을 받아 생명에 이르렀느니라."(롬 5:18)

⑤ "그러므로 이제 그리스도 예수 안에 있는 자에게는 결코 정죄함이 없나니 이는 그리스도 예수 안에 있는 생명의 성령의 법이 죄와 사망의 법에서 너를 해방하였음이라."(롬 8:1-2)

⑥ "그리스도는 모든 믿는 자에게 의를 이루기 위하여 율법의 마침이 되시니라."(롬 10:4)

⑦ "너희가 전에는 하나님께 순종하지 아니하더니 이스라엘이 순종하지 아니함으로 이제 긍휼을 입었는지라. 이와 같이 이 사람들이 순종하지 아니하니 이는 너희에게 베푸시는 긍휼로 이제 그들도 긍휼을 얻게 하려 하심이라."(롬 11:30-31)

5) 야고보가 선포한 믿음과 행함의 복음

① "어떤 사람은 말하기를 너는 믿음이 있고 나는 행함이 있으니 행함이 없는 네 믿음을 내게 보이라. 나는 행함으로 내 믿음을 네게 보이리라 하리라. 네가 하나님은 한 분이신 줄을 믿느냐 잘하는도다 귀신들도 믿고 떠느니라. 아아 허탄한 사람아 행함이 없는 믿음이 헛것인 줄을 알고자 하느냐 우리 조상 아브라함이 그 아들 이삭을 제단에 바칠 때에 행함으로 의롭다 하심을 받은 것이 아니냐 네가 보거니와 믿음이 그의 행함과 함께 일하고 행함으로 믿음이 온전하게 되었느니라. 이에 성경에 이른 바 아브라함이 하나님을 믿으니 이것을 의로 여기셨다는 말씀이 이루어졌고 그는 하나님의 벗이라 칭함을 받았나니 이로 보건대 사람이 행함으로 의롭다 하심을 받고 믿음으로만은 아니니라."(약 2:18-24)

② "또 이와 같이 기생 라합이 사자들을 접대하여 다른 길로 나가게 할 때에 행함으로 의롭다 하심을 받은 것이 아니냐 영혼 없는 몸이 죽은 것같이 행함이 없는 믿음은 죽은 것이니라."(약 2:25-26)

③ "오직 위로부터 난 지혜는 첫째 성결하고 다음에 화평하고 관용하고 양순하며 긍휼과 선한 열매가 가득하고 편견과 거짓이 없나니."(약 3:17-18)

07. 생명 얻는 회개와 거듭남

1. 거듭남은 신앙의 핵심

요한복음 3장 3절에 쓰인 헬라어 '게네테 아노덴(γεννηθῇ ἄνωθεν, gennethe anothen)'은 '거듭남'이란 뜻을 나타낸다. 게네테의 원형인 '겐나오'는 '출생하다(Be born)'의 수동형이며, '아노덴'은 '위로부터(From above)'를 의미한다. 따라서 거듭남이란 '위로부터 태어나다'라는 뜻이다 예수님은 거듭난 사람을 다른 말로 '성령으로 난 사람'이라 말씀하신다. 그러므로 사도 요한은 그리스도를 영접하여 하나님의 자녀가 된 사람을 두고 "이는 혈통으로나 육정으로나 사람의 뜻으로 나지 아니하고 오직 하나님께로부터 난 자들이니라."(요 1:13)고 말씀했다. 또한 디도는 이 일이 하나님의 긍휼에 달려 있음을 말씀했다. "우리를 구원하시되 우리가 행한 바 의로운 행위로 말미암지 아니하고 오직 그의 긍휼하심을 따라 중생의 씻음과 성령의 새롭게 하심으로 하셨나니."(딛 3:5)

거듭남이 신앙의 핵심인 이유는 그것이 인간으로부터가 아니라 위로부터, 즉 하나님으로부터 비롯된 긍휼의 사건이기 때문이다.

거듭난 자는 자신이 하나님께로부터 나온 자들인 것을 그분의 긍휼에 의지하여 신앙 고백하는 자들이다. 따라서 거듭난 그리스도인은 자기 안에 명확한 체험과 고백이 있다. 이를 통해 담대함과 충만한 기쁨으로 "기쁜 날 기쁜 날 주 나의 죄 다 씻은 날"이라 찬양할 수 있다.

2. 생명 얻는 회개와 거듭남

1) 생명 얻는 회개를 통해 얻은 것은 생명의 성령이다.

① "베드로가 이르되 너희가 회개하여 각각 예수 그리스도의 이름으로 세례를 받고 죄 사함을 받으라. 그리하면 성령의 선물을 받으리니."(행 2:38)

② "그러므로 너희가 회개하고 돌이켜 너희 죄 없이 함을 받으라. 이같이 하면 새롭게 되는 날이 주 앞으로부터 이를 것이요."(행 3:19)

③ "그들이 이 말을 듣고 잠잠하여 하나님께 영광을 돌려 이르되 그러면 하나님께서 이방인에게도 생명 얻는 회개를 주셨도다 하니라."(행 11:18)

2) 생명 얻는 회개와 거듭남

① "예수께서 대답하여 이르시되 진실로 진실로 네게 이르노니

사람이 거듭나지 아니하면 하나님의 나라를 볼 수 없느니라. 니고데모가 이르되 사람이 늙으면 어떻게 날 수 있사옵나이까 두 번째 모태에 들어갔다가 날 수 있사옵나이까 예수께서 대답하시되 진실로 진실로 네게 이르노니 사람이 물과 성령으로 나지 아니하면 하나님의 나라에 들어갈 수 없느니라. 육으로 난 것은 육이요 영으로 난 것은 영이니."(요 3:3-6)

② "우리를 구원하시되 우리가 행한 바 의로운 행위로 말미암지 아니하고 오직 그의 긍휼하심을 따라 중생의 씻음과 성령의 새롭게 하심으로 하셨나니."(딛 3:5)

3) 속량과 죄 사함

① "그리스도께서 우리를 위하여 저주를 받은 바 되사 율법의 저주에서 우리를 속량하셨으니 기록된 바 나무에 달린 자마다 저주 아래에 있는 자라 하였음이라."(갈 3:13)

② "율법 아래에 있는 자들을 속량하시고 우리로 아들의 명분을 얻게 하려 하심이라."(갈 4:5)

③ "내가 네 허물을 빽빽한 구름 같이, 네 죄를 안개 같이 없이하였으니 너는 내게로 돌아오라. 내가 너를 구속하였음이니라."(사 44:22)

④ "내가 그들의 불의를 긍휼히 여기고 그들의 죄를 다시 기억

하지 아니하리라 하셨느니라. 새 언약이라 말씀하셨으매 첫 것은 낡아지게 하신 것이니 낡아지고 쇠하는 것은 없어져 가는 것이니라."(히 8:12-13)

4) 거듭남과 영혼 구원

① "이 모든 날 마지막에는 아들을 통하여 우리에게 말씀하셨으니 이 아들을 만유의 상속자로 세우시고 또 그로 말미암아 모든 세계를 지으셨느니라. 이는 하나님의 영광의 광채시요 그 본체의 형상이시라. 그의 능력의 말씀으로 만물을 붙드시며 죄를 정결하게 하는 일을 하시고 높은 곳에 계신 지극히 크신 이의 우편에 앉으셨느니라."(히 1:2-3)

② "거룩하게 하시는 이와 거룩하게 함을 입은 자들이 다 한 근원에서 난지라. 그러므로 형제라 부르시기를 부끄러워하지 아니하시고."(히 2:11)

③ "그러므로 함께 하늘의 부르심을 받은 거룩한 형제들아 우리가 믿는 도리의 사도이시며 대제사장이신 예수를 깊이 생각하라."(히 3:1)

④ "자녀들은 혈과 육에 속하였으매 그도 또한 같은 모양으로 혈과 육을 함께 지니심은 죽음을 통하여 죽음의 세력을 잡은 자 곧 마귀를 멸하시며 또 죽기를 무서워하므로 한평생 매여 종 노릇 하

는 모든 자들을 놓아 주려 하심이니 이는 확실히 천사들을 붙들어 주려 하심이 아니요 오직 아브라함의 자손을 붙들어 주려 하심이라."(히 2:14-16)

⑤ "이 뜻을 따라 예수 그리스도의 몸을 단번에 드리심으로 말미암아 우리가 거룩함을 얻었노라. … 그가 거룩하게 된 자들을 한 번의 제사로 영원히 온전하게 하셨느니라. … 또 그들의 죄와 그들의 불법을 내가 다시 기억하지 아니하리라 하셨으니."(히 10:10, 14, 17)

⑥ "나의 의인은 믿음으로 말미암아 살리라. 또한 뒤로 물러가면 내 마음이 그를 기뻐하지 아니하리라 하셨느니라. 우리는 뒤로 물러가 멸망할 자가 아니요 오직 영혼을 구원함에 이르는 믿음을 가진 자니라."(히 10:38-39)

3. 생명 얻는 회개와 영혼 구원

1) 사도 베드로는 생명 얻는 회개의 말씀을 통해 영혼 구원을 증거했다.

① "우리 주 예수 그리스도의 아버지 하나님을 찬송하리로다. 그의 많으신 긍휼대로 예수 그리스도를 죽은 자 가운데서 부활하게 하심으로 말미암아 우리를 거듭나게 하사 산 소망이 있게 하시며 썩지 않고 더럽지 않고 쇠하지 아니하는 유업을 잇게 하시나니

곧 너희를 위하여 하늘에 간직하신 것이라."(벧전 1:3-4)

② "너희가 진리를 순종함으로 너희 영혼을 깨끗하게 하여 거짓이 없이 형제를 사랑하기에 이르렀으니 마음으로 뜨겁게 서로 사랑하라. 너희가 거듭난 것은 썩어질 씨로 된 것이 아니요 썩지 아니할 씨로 된 것이니 살아 있고 항상 있는 하나님의 말씀으로 되었느니라."(벧전 1:22-23)

③ "예수를 너희가 보지 못하였으나 사랑하는도다. 이제도 보지 못하나 믿고 말할 수 없는 영광스러운 즐거움으로 기뻐하니 믿음의 결국 곧 영혼의 구원을 받음이라."(벧전1:8-9)

2) 사도 바울은 생명 얻는 회개의 말씀을 주 안에서 믿음으로 증거했다.

① "성경이 무엇을 말하느냐 아브라함이 하나님을 믿으매 그것이 그에게 의로 여겨진 바 되었느니라. … 그에게 의로 여겨졌다 기록된 것은 아브라함만 위한 것이 아니요 의로 여기심을 받을 우리도 위함이니 곧 예수 우리 주를 죽은 자 가운데서 살리신 이를 믿는 자니라."(롬 4:3, 23-24)

② "너희는 하나님으로부터 나서 그리스도 예수 안에 있고 예수는 하나님으로부터 나와서 우리에게 지혜와 의로움과 거룩함과 구원함이 되셨으니."(고전 1:30)

③ "그러므로 이제 그리스도 예수 안에 있는 자에게는 결코 정죄함이 없나니 이는 그리스도 예수 안에 있는 생명의 성령의 법이 죄와 사망의 법에서 너를 해방하였음이라."(롬 8:1-2)

3) 사도 요한은 생명 얻는 회개를 아들 안에 있는 생명으로 증거했다.

① "살아 계신 아버지께서 나를 보내시매 내가 아버지로 말미암아 사는 것같이 나를 먹는 그 사람도 나로 말미암아 살리라. … 살리는 것은 영이니 육은 무익하니라. 내가 너희에게 이른 말은 영이요 생명이라."(요 6:57, 63)

② "예수께서 그리스도이심을 믿는 자마다 하나님께로부터 난 자니 또한 낳으신 이를 사랑하는 자마다 그에게서 난 자를 사랑하느니라. … 무릇 하나님께로부터 난 자마다 세상을 이기느니라. 세상을 이기는 승리는 이것이니 우리의 믿음이니라. … 아들이 있는 자에게는 생명이 있고 하나님의 아들이 없는 자에게는 생명이 없느니라."(요일 5:1, 4, 12)

08. 십자가의 죽음과 속죄 제사[1]

1. 이삭의 제사

하나님은 속죄 제사로 세상을 구원하기로 작정하사 이 구원의 방식을 아브라함에게 계시하시고 아들을 희생의 제사를 드리게 하심으로 실물 교훈하셨다(창 22:1-18). 하나님은 세상의 구속주로 예표된 이삭을 하나님께 번제로 바치게 하심으로, 아브라함의 참 아들 예수 그리스도가 세상 구속주로서 속죄제물이 될 것임을 미리 알리셨다(창 22:12; 행 3:25-26; 13:23; 롬 9:7; 갈 3:16; 히 11:18).

2. 짐승의 제사

아브라함에게 계시한 구원의 방식 곧 속죄 제사가 이스라엘에게 짐승의 피로 드려지게 작정하시고 시행하셨다. 이 일을 위해 유월절 제사를 세우고 이스라엘 가운데서 진행되게 하셨다(출 12:1-28; 레 23:5-21). 또 성막과 성전에서 속죄 제사가 진행되게 하

---

[1] 본 글은 서철원 박사(총신대학교 조직신학 교수, 명예 교수)가 지난 2021. 6. 17. 국제기독교이단대책협의회가 주관한 이단대책세미나 자료집에 실은 글을 저자의 허락을 받고 일부만 수정하여 발췌한 글이다.

셨다(레 16장, 23:26-32; 민 29:1-6). 하나님이 정하신 속죄 제사의 방식을 따라 하나님의 어린 양 예수 그리스도가 유월절 양으로 희생되게 하셨다.

3. 예수 그리스도가 하나님의 어린 양으로 속죄 제사를 드림

레위 제사장들은 매년 유월절만 되면 속죄 제사를 드리기 위하여 어린 양을 잡았다(레 14:25; 대하 29:34). 예수 그리스도가 하나님의 어린 양으로 잡혀 죽임당하기까지 제사장들이 유월절에 어린 양을 잡은 것은 하나님의 어린 양(요 1:29, 36; 고전 5:7; 벧전 1:19; 계 5:6) 예수를 잡기 위한 연습이고 준비였다. 유월절에 제사장들은 어린 양을 잡으면서(레 14:24-25) 실제로는 하나님의 어린 양을 잡았다. 그리고 어린 양을 제사하는 시간에 하나님의 어린 양 예수를 십자가에 못 박아 제사하였다. 이로써 제사장들은 그들의 소임을 다하였다. 그리스도의 속죄 제사 후에는 더 이상 속죄 제사가 필요 없게 되었으므로 하나님은 성전 제사를 폐하셨다(히 7:11-19; 10:4-9).

4. 하나님의 어린 양으로 지목된 예수가 자신을 제물로 바침

구약 제사는 반복적 제사여서 제사하기 위해 나온 자들을 완전하게 할 수가 없었다(히 10:1). 이 제사는 죄를 생각나게 하지만(히

10:2) 죄를 완전히 없이하지 못하였다(히 10:3). 그것은 황소와 염소의 피로 드린 제사였고 깨끗한 사람의 피가 아니었기 때문이다(히 10:5-9). 구약의 제사는 예수가 자기 몸을 제물로 드린 완전한 제사(히 10:12)의 그림자다(히 10:1). 그러므로 구약의 제사는 예수 그리스도의 제사에서 성취되고 완성되어야 했다. 우리의 구원으로 구약 백성들의 구원도 성취되었다(히 11:40).

5. 예수의 피가 죄를 속량하는 속전이 됨

죄는 피에 의해 속(贖)해진다(레 17:11). 왜냐하면 피에 생명이 있기 때문에 죄는 생명으로만 속해지는 것이 하나님의 법이다. 그 피는 짐승의 피여서는 안 되고 사람의 피여야 한다. 그러나 그 사람의 피는 아벨의 피보다 더 깨끗한 피여야 한다. 그 피는 성령으로 깨끗하게 된 거룩한 피인 주 예수 자신의 피이다(히 9:12-14). 그러므로 그 피는 모든 죄를 속할 뿐 아니라 양심을 깨끗하게 하고 거룩하게 한다(히 9:14-15).

예수의 피는 죄를 속량(贖良)하는 속전이다(딤전 2:6; 벧전 1:18-19). 그의 피가 우리를 죄에서 해방한다(계 1:5). 죄에서 해방하는 길은 예수 그리스도, 하나님의 어린 양의 피뿐이다. 모든 악한 행실들에서 구속될 수 있는 유일한 재료는 어린 양 그리스도의 보배로운 피이다(벧전 1:18-19). 왜냐하면 오직 그분만이 십자가에 달려 죄를 담당하기 때문이다(벧전 2:24). 자기의 피로 인류 모든 종족들에서 그리스도가 백성들을 사서 하나님의 나라와 제사장을 삼는다(계 5:9-10). 그리스도가 자기의 피로 백성들을 사서 하나님의 백성으로 돌리심으로 하나님의 창조 경륜을 이루신다.

십자가의 피가 죄를 씻고 속량함으로 예수의 피가 세상과 하나님을 화해시킨다(골 1:20). 예수의 피가 죄과를 제거하고 씻음으로 하나님은 그의 피로 화평을 창조하시고 만물들과 화해하기를 기뻐하셨다. 그리스도의 피 때문에 죄를 세상에게 돌리지 않고 화목하기를 기뻐하사 세상과 화목하기로 하셨다(고후 5:19-20). 하나님은 전적으로 무죄한 예수를 우리 대신 죄로 삼았기 때문에(고후 5:21) 더 이상 죄를 물을 수 없게 되었다.

6. 예수 그리스도가 대세사장으로서 죄를 속(贖)하셨다.

1) 대제사장 예수는 그의 몸을 제사하여 완전한 속죄를 이루었다.

구약의 제사에 의하면 제사장은 제물일 수 없고 제물이 되면 제사장일 수 없다. 오직 이삭만이 첫 제사에서는 제물이 되고 두 번째 제사에서는 제사장이 되었다(창 22:9-13). 이 면에 있어서 이삭은 제물이며 대제사장인 예수 그리스도를 예표한다. 이삭의 예표를 따라 예수 그리스도는 그의 인격으로는 대제사장으로서 자기의 몸을 제물로 바쳐 드림으로 완전한 속죄 제사를 드리셨다.

2) 예수는 몸으로 제물이 되고 인격으로 대제사장이 되셨다.

예수는 자기 몸으로 속죄 제사를 하고 자신이 친히 대제사장이 되심으로 죄를 정결케 하여(히 1:3) 백성을 죄에서 구속하셨다(히 2:18). 자기 몸을 제물로 제사한 자비하고 충성된 대제사장이다(히 2:17-18).

3) 예수는 대제사장으로 영원한 제사를 드렸다.

예수는 영원한 대제사장으로서(히 6:20) 영원한 제사를 드려(히 10:12) 완전한 속죄 제사를 이루었다.

4) 예수는 하나님의 아들이므로 영원한 대제사장이다(히 4:14).

십자가에서 속죄 제사를 드린 예수는 영원한 대제사장이므로 완전한 제사를 드려 죄를 완전히 속할 수 있었다(히 7:16-25). 구약의 제사장들은 아론의 후손이어서 완전한 제사를 드릴 수 없었다. 매일 서서 섬기고 자주 같은 제사를 드리되, 그런 제사로는 죄를 없이하지 못하고(히 10:11) 오히려 해마다 죄를 생각나게 하였다(히 10:3). 구약의 제사장들이 완전한 속죄 제사를 할 수 없었던 것은 그들은 죽음으로 계속 교체되어 항상 제사장으로 있을 수 없었기 때문이다(히 7:23). 또 구약 제사장들이 드린 제사는 제물이 황소나 염소여서 짐승의 피가 죄를 없이하지 못하였기 때문이다(히 10:4).

주 예수가 영원한 대제사장이 되어 속죄 제사를 드릴 수 있었던 것은 그의 신분이 레위 제사장들과 달리 영원한 하나님의 아들이었기 때문이다(히 1:2-3; 2:10; 3:3-4; 4:14). 하나님의 아들로서 예수는 하나님의 상속자요 창조 중보자이고(히 1:2; 2:10), 하나님의 형상(히 1:3)이요 하나님의 친아들이다(히 4:14). 그러므로 그는 지상의 제사장들과는 달리 영원한 대제사장이어서 영원한 제사를 드려 죄를 완전히 제거하였다(히 10:12). 또한 주 예수가 아론 계통의 제사장이 되지 않고 멜기세덱의 반차를 좇으므로 영원한 대제사장이 되었다(히 5:6; 6:20; 7:16, 21, 24). 이처럼 예수 그리스도는 영원한 제사장이므로 그의 제사 직분이 갈리지 않고 항상 있다(히 7:24). 그러므로 그의 제사는 완전해서 완전한 구원을 이루었다(히 5:9; 7:25).

5) 예수 대제사장은 한 번의 제사로 죄를 완전히 속하였다(히 7:27; 9:12, 26-28; 10:12, 14).

반복해서 드리는 구약의 제사는 죄를 속할 수 없었다. 그런데 그리스도는 영원한 제사장으로서 단번에(ἐφάπαξ) 제사함으로 완전한 속죄를 이루었다(히 7:27; 9:12, 28; 10:2, 10). 예수 대제사장은 레위 제사장들과는 달리 거룩하고 악이 없고 더러움이 없고 죄인에게서 떠나 계시므로 죄가 전혀 없고 하늘보다 높이 되신 대제사장이시므로(히 7:26), 반복적인 제사와 자기를 위해서 먼저 속죄 제사를 드림 없이 단번에 자기를 드려 완전한 제사를 드리셨다(히 7:27).

예수 대제사장이 드린 제물은 하나님이 예비하신 자기 몸(히 10:4-8)이요 자기 피이다. 이 피가 완전한 제사로 합당한 것은 영원한 성령으로 말미암아 흠이 없게 되었기 때문이다(히 9:14-15). 이 피는 죄의 오염이 제일 적었다고 할 아벨의 피보다 더 나아서 은혜로운 제물이다(히 12:24). 이런 제물로 제사함으로 세상 죄를 완전히 속할 수 있었다. 따라서 그의 제사는 반복할 필요가 없으므로 죄를 제거하시기 위하여 세상 끝에 나타나셔야 했고 창조 시부터 반복적으로 희생을 당할 필요가 없었다(히 9:24-28). 이런 완전한 제사는 한 번이면 충족하여 죄를 완전히 속량하고 양심을 완전히 깨끗하게 하였다(히 9:14-15). 그러므로 이 완전한 제사 후에는 우리가 하나님의 보좌 앞에 담대히 나아갈 수 있게 되었다(히 4:16; 10:19).

6) 그의 제사는 하늘의 성소에서 이루어지므로 죄를 완전히 속하였다.

그리스도의 제사가 완전하여 죄를 완전히 속할 수 있었던 것은 그 제사는 하늘의 성소에서 이루어졌고 하나님의 얼굴 앞에 바쳐졌기 때문이다(히 9:24). 그리스도가 세상 구속을 위하여 찢겨진 몸으로 아버지 앞에 나타나심이 속죄 제사의 완성이다. 아버지께서 그리스도의 속죄 제사를 기뻐 받으셨기 때문이다. 하나님 아버지가 그리스도의 속죄 제사를 기뻐 받으신 표가 성령을 보내심이다(행 2:33).

구약의 제사는 하늘 성소의 복사와 그림자를 섬김이었다(히 8:5; 9:1-9). 그리스도는 창조에 속하지 아니한 성소(히 9:11-12) 곧 참 성소, 하늘 자체, 바로 하나님의 얼굴 앞에(τῷ προσώπῳ τοῦ θεοῦ ὑπὲρ ἡμῶν; 히 9:24) 그의 속죄 제사한 몸을 보이심이 속죄 제사를 완성하심이다. 주 예수의 제사가 하나님께 기쁘게 받아졌으므로 완전한 속죄를 이루었다. 완전한 속죄를 이룬 증표는 하늘 성소 곧 하나님의 보좌가 우리에게까지 열려 있다는 사실이다. 완전한 속죄 제사를 드린 그리스도의 몸(히 10:20)이 우리의 인성으로서 하나님의 보좌에 나아가 있기 때문이다.

7. 그리스도의 피가 죄를 속한다(행 20:28; 롬 3:25; 5:9; 엡 1:7; 골 1:14, 20; 히 9:12, 14; 13:12, 20; 벧전 1:2, 18-19; 요일 1:7; 계 1:5; 5:9)

피 흘려야 죄가 속량되는 것이 하나님의 법인데(레 17:11), 그리스도가 피 흘리심으로 모든 죄가 속량되었다. 그리스도의 속죄 제사가 세상 죄를 다 씻는 완전한 제사이기 때문이다(히 9:28; 10:10-18). 죄가 씻어지고 없어져서 깨끗하게 되는 길은 예수 그리스도의 피뿐이다. 그리스도가 모든 사람을 위하여 죽어(고후 5:14; 딤전 2:6) 피를 흘렸으므로 그의 피에 의해 모든 죄가 씻어지고, 죄가 씻어졌으므로 의롭게 된다(롬 5:9). 죄가 씻어지면 죄가 제거된 것이므로 죄 없는 상태 곧 의가 되어 구원에 이른다. 예수 그리스도가 어린 양으로 죽어 피 흘림으로 그 피로 사람들을 죄에서 사셨다(벧전 1:18-19; 딤전 2:6; 계 5:9). 그리스도의 피가 사람들을 죄에서 사는 속전이다($\dot{\alpha}\nu\tau\acute{\iota}\lambda\upsilon\tau\rho\text{o}\nu$ $\dot{\upsilon}\pi\text{ε}\rho$ $\pi\acute{\alpha}\nu\tau\hat{\omega}\nu$ 딤전 2:6). 피로 죄가 무효화 되기 때문이다.

8. 예수 그리스도의 죽음과 피 흘리심은 해방과 자유를 가져왔다.

예수 그리스도의 십자가상의 죽음과 피 흘리심은 모든 적대 세력과 권세들과 율법 문서들로부터 해방과 자유를 가져왔다(골 2:14-15). 그리스도의 죽음은 우주적 사건이어서 죄와 죽음에서 우리 각 사람을 구원할 뿐만 아니라 우주적 적대 세력들과 율법의 정죄하는 기능에서 해방하였다(골 2:14-15). 그리스도의 속죄 제사는 죗값을 갚음이다. 이로써 그리스도는 죄의 장본인인 사탄과 그의 무리들을 쳐서 무장해제하셨다. 그리스도는 그의 피 흘림으로 사탄과 그의 무리들을 치시어 인류를 그들의 속박에서 해방하셨다(창 3:15; 계 12:7-11). 따라서 더 이상 귀신들의 가르침에 의해서 생겨난 초등 학문[2]에 매일 필요가 없어졌다(골 2:20). 또 그리스도의 속죄 제사는 사탄이 일으킨 죄의 값을 하나님께 지불함이어서 사탄과 그 무리들을 하늘의 처소에서 내리쳐 땅으로 내던져지도록 하셨다(계 12:3-12). 성도들을 고소하던 자가 하늘에서 더 이상 자리를 가질 수 없게 되었다.

---

[2] 사도 바울은 갈라디아서를 통해 인간이 율법의 노예 상태와 이 세상의 초등 학문(초보적인 신들)의 노예 상태에 빠진 경우를 비교하며 설명한다. 이 두 영역에 사로잡혀 노예가 되어 살아가던 인간을 그리스도께서 십자가의 대속의 은혜로 인류를 구원하셨다고 강조한다. 갈라디아서 4장 3절의 초등 학문이란 헬라어로는 '스토이케이아'(τὰ στοιχεῖα, the basic principles of the world, the elements[4원소 흙, 물, 불, 바람, the elementary principles]of the world)이다. 세상의 기본 원리들이란 고대 헬라 철학에서 물질계를 구성한다고 생각한 기본 물질의 4원소 즉 흙, 물, 불, 바람 등이다. 이들의 세력이 아주 크기 때문에 그들은 4원소를 신으로 섬겼다. 고대인들은 바람을 통해 지진이 일어나고 비와 홍수가 임하는 것을 보고 두려워하였기 때문이다. 백석대학교 홍인규 교수에 따르면, 갈라디아서 4:8절에서는 신이 아닌 것들을 섬기며 노예된 삶을 살았다고 하기 때문에 초등 학문을 고대 헬라 철학자들이 주장한 4원소의 신들을 가리키는 것으로 보고 초보적인 신들, 혹은 초보적인 귀신의 세력으로 본다. 지금까지 성경 학자들이 '스토이케이아'가 무엇인지를 밝히는 학설은 10가지가 넘는다.

그리스도의 죽음은 우리를 늘 정죄하고 저주하는 율법의 기능을 폐하였다. 그리스도는 율법의 요구대로 율법이 정한 죗값을 자기 몸에 담당하시고 십자가에서 피 흘려 죽으심으로 율법의 모든 요구를 다 충족시키셨다. 그러므로 율법은 더 이상 우리를 고소할 수 없게 되었다. 죽음으로 죗값을 지불함으로 그리스도는 책에 기록된 모든 고소들을 다 제거하고 없이하기 때문이다(골 2:14). 그러므로 더 이상 양심의 가책으로 괴로워하며 살 필요가 없어졌다. 완전히 죄에서 해방되었다.

또 그리스도의 죽음은 세상 권세와 정사를 무력하게 만들어 그 권세들을 한시적이 되게 하였다(골 2:15). 그리스도의 죽음은 세상 모든 권세를 무력하게 하심으로 절대적이거나 영원한 권력은 없게 되었다. 세상 권세들은 마지막 말을 하는 능력을 다 잃게 되었다. 그러므로 그리스도의 십자가 후에는 세상 권세가 절대적 권력을 행사하면 망하게 되어 있다.

9. 십자가의 죽음 = 대리적 속죄(satisfactio vicaria)

예수 그리스도의 십자가 죽음은 대리적 속죄이다.

1) 한 의인 예수가 대신 죽음으로 모두가 죽은 것이다(벧전 3:18; 고후 5:21; 딤전 2:6; 딛 2:14)

하나님은 인류를 구원하시기 위해 한 사람 의인(벧전 3:18)을 죄로 정하여(고후 5:21) 만인의 속전으로 죽게 하셨다(딤전 2:6). 죗값은 죽음인데(롬 6:23) 한 사람이 모든 사람을 대신하여 죽어 죗값을 치렀다. 한 의인이 모든 사람을 대신하여 죽었으므로 모든 사람이 죽은 것이다(고후 5:14). 그러므로 그리스도의 죽음은 대리적 속죄이다. 예수 그리스도가 만인을 대신하여 피 흘림으로 만인의 죄가 용서되었다. 그리스도의 죽음이 대속적 죽음으로서 인류를 구속한 것임을 선지자를 통하여 미리 예언되었다. "그러나 실상은 그가 많은 사람의 죄를 지며 범죄자를 위하여 기도하였느니라 하시니라."(사 53:12)

2) 모든 믿는 자들의 죄를 속하기 위해 대신 죽었다(히 2:13-17).
그리스도는 세상 모든 사람들을 위해 죽었다기보다는 믿는 자들의 모든 죄를 해결하기 위해서 죽었다. 웨슬리(John Wesley, 1703-1791)에 의하면 그리스도의 죽음이 모든 사람의 죄를 제거한다(The Works of John Wesley, V, 240; X, 318-22). 이 가르침은 로마교회와 알미니안 신학이 먼저 받아들인 것이다. 그러나 개혁신학에 의하면 택자들의 죄를 전가 받아 그리스도가 그들을 위해 죽었다.

3) 그리스도의 죽음은 죄의 세력을 궤멸하여 생명이 도입됨

그리스도의 죽음은 죗값을 지불함이어서 죄의 세력이 궤멸(潰滅)됨으로 죽음이 물러가고 생명이 도입되었다(롬 5:18-21; 6:22-23). 죗값은 죽음이므로(롬 6:23) 그리스도가 만인의 죄를 대신하여 죽어(벧전 3:18; 고후 5:21) 죗값을 지불하셨다. 그의 죽음은 대리적 죽음이어서 한 사람이 죽음으로 모든 사람이 죽은 것이 되었다(고후 5:14; 딛 2:14). 그의 흘린 피가 속전이 되어 속죄하였다(딤전 2:6; 히 9:12-18; 벧전 1:18-19).

그리스도는 우리 죄를 위해 그의 몸을 드림으로(갈 1:4) 죄를 제거하셨다(요일 3:5). 죄가 제거됨으로 의가 세워졌다(롬 5:9). 그러므로 더 이상 죄가 사망을 주장할 수 없게 되었다. 예수의 죽음은 하나님께 대한 순종이어서 의의 행동이다. 그의 순종에 의하여 우리는 생명에 이르게 되었다(롬 5:18-21). 그러므로 그리스도가 부활에 이르고 그가 위해서 죽은 사람들도 부활에 이르게 되었다(고전 15:21-22). 사망이 한 사람에 의해 인류 세계에 도입되었는데, 한 사람 의인이 순종함으로 부활에 이르고 그리스도 안에서 모든 사람이 생명에 이르게 되었다(롬 5:14-18; 고전 15:21-22). 왜냐하면 예수의 죽음은 죄에 대하여 죽은 것이기 때문에 그것이 의가 되어 하나님에 대해 살게 되었다(롬 6:10). 그러므로 그리스도가 죄에 대하여 죽음으로 사망을 폐하셨다.

    죽음을 폐하여 생명을 도입하셨다(딤후 1:10). 즉 죄의 세력이 궤멸됨으로 죄가 더 이상 죽음을 주장할 수 없게 되었다. 그리스도가 죄를 제거함으로(골 1:14) 하나님이 그리스도를 살림과 동시에 우리를 살리고 죄를 사하셨다(골 2:13-14). 그리고 우리에게 영생을 약속하셨다(요일 2:25). 그 보증이 성령의 내주이다(롬 8:11; 고후 1:22; 5:5; 엡 4:30; 서철원, 그리스도론 188-211에서 전재).

09. 생명 얻는 회개와 속량의 은혜 복음

　필자는 청소년 시절을 운동 정신으로 체력을 단련하면서 교회를 다니게 되었다. 1972년 육군에 입대하여 군종 사병으로 3년 동안 복무 후 본 교회로 돌아와 교회 학교 교사, 청년부(약 230명) 철야 기도회를 인도하는 등 충성스러운 교인으로서 28세에 서리 집사가 되었다. 1976년 종합 체육관을 개업하여 (태권도, 합기도, 활법) 총관장으로 유치원과 주산학원 원장으로 13년 동안 임마누엘 축복으로 잘 경영하였다. 1978년 신학교를 입학하여 1979년부터 교육 전도사로, 1986년에 목사 안수를 받아 부목사로 교회를 열심히 섬겼다.

　겉으로는 모든 것이 내 욕심대로 안정되었고 거칠 것이 없는 평안 그 자체였다. 그런데 부목사로서 열심히 할수록 내 속에 끊임없이 알 수 없는 갈등이 있었다. 단상에서 설교하는 말과 내 마음이 화합되지 않았기 때문이다. 말씀과는 다른 나 자신이 자꾸만 발견되었고, 시간이 흐를수록 그 괴리감은 크게 다가왔고, 심적 고통이 말할 수 없이 나에게 엄습해왔다. 천국, 회개, 믿음, 구원, 사랑…. 말씀은 잘도 외치는데 내 속 깊은 곳에서는 그 말씀이 선명하지 못하면서 그 뜨거움은 물거품처럼 사라지는 것을 느끼게 되었다.

"정말 내가 믿고 있는 것인가? 내가 구원을 받은 것인가? 정말 지금 죽어도 천국 갈 수 있을까? 하나님의 놀라운 사랑이 도대체 어떤 것일까?" 이런 생각에 생각이 꼬리를 물고 이어졌고, 아무런 확신도 없이 입으로만 위선자처럼 떠들어대는 나 자신이 한심하고 답답하기도 해서 설교 도중에 울기도 했다. 그런 나를 보는 성도들은 목사님이 은혜를 받아서 그런다고들 했다. 너무너무 갈증나고 누구에게도 털어놓을 수 없는 고통의 날들이 계속되던 1987년 가을, 목회를 접고 체육관을 운영하면서 교회만 섬기고자 사임을 결단하게 되었다.

그러던 어느 날, 평상시처럼 습관적으로 성경을 읽어가다가 갈라디아서 4장 5절 "율법 아래 있는 자들을 속량하시고 우리로 아들의 명분을 얻게 하려 하심이라."'속량'이라는 말씀 그대로 내 마음의 허물과 죄가 속량(贖良, 속죄함)되는 큰 은혜를 입게 되었다. 긴 시간 동안 마음의 무거운 짐 때문에 괴로움에 시달리면서 매주 철야 기도를 밤 10시부터 새벽 5시까지 입술의 회개와 찬송과 기도로 부르짖었으며, 1년 중 350일은 새벽 기도에서 매일 1-2시간씩 통회의 눈물의 기도로 엎드렸어도 해결되지 못했던 죄의 짐들이 벗어지고 '속량'이 마음에 이루어지는 한순간 눈 녹듯이 사라져 버리게 되었다. 그리고 이사야 44:21-22절의 "야곱아 이스라엘아 이 일을 기억하라. 너는 내 종이니라. 내가 너를 지었으니 너는 내 종이니라. 이스라엘아 너는 나에게 잊혀지지 아니하리라. 내가 네 허물을 빽빽한 구름같이, 네 죄를 안개같이 없이하였으니 너는 내게로 돌아오라. 내가 너를 구속하였음이니라."는 말씀이 더욱 하나님의 음성으로 확신되었고, 성경 66권이 참 하나님의 말씀으로 마음에 벅찬 감동으로 다가왔다. 마음의 죄가 흰 눈같이 양털같이 깨끗하게 속량된 사실이 너무나도 분명하게 믿어지고 깨달아지고 확신되었다. 내 인생의 가장 충격적인 사건이었다. 어두웠던 내 영혼에 한 줄기 말씀의 빛이 생명의 빛으로 관통해 들어왔다.

종교 개혁자 마틴 루터가 죄의 짐 때문에 고뇌하다가 로마서 1장 16-17절을 읽고 복음의 진리를 깨닫고 죄에서 자유함을 얻은 것처럼 나에게도 이런 은혜가 임했다. 참으로 놀랍고 신기한 복음의 체험으로 마음에 큰 평안과 기쁨이 충만하여 3일 동안 잠을 이루지 못한 채 성경을 보기 시작했다. 전에는 어렵게만 여겨졌던 복음서와 바울의 서신들이 쉽게 줄줄이 보이고 알아지면서 믿음으로 확정되고 살아계신 하나님의 말씀에 대한 믿음과 분명한 확신이 생겼다. 그동안의 설교 노트를 가져다가 살펴보기 시작했다. 이제까지 이 사실을 왜 몰랐을까, 혹여 잘못 전하지는 않았는지…. 그런데 구원의 사실(십자가, 그리스도의 부활, 성령)들은 다 적혀 있었다. 그러나 말은 같았으나 나 자신이 속량의 은혜를 받지 못한 알맹이가 없는 껍질만 있는 구원론, 교회론, 성령론, 종말론 등의 내용이었다. 말씀을 깨닫자 기록된 성경이 영이요 생명으로 공급되면서 내적 변화가 크게 일어났다. 하나님의 나라가 번개가 번쩍이듯 일순간에 마음에 임하여 신적인 성품으로 변화된 나 자신을 스스로 알게 되었다. 이토록 놀라운 복음의 빛과 영광의 감격이 어디 있단 말인가?

속량의 은혜를 경험하게 된 그날, 이미 오래전에 거듭남을 경험하고 복음의 비밀을 전하고 계셨던 서울장신대학교 교무처장겸 교수님으로 재직 중이신 황 목사님이 생각났다. 그분이라면 이 감격을 같이 해주실 것 같았고, 내가 구원받았다는 사실을 말씀드리면 기뻐할 것 같았다. 전화를 걸어서 받은 말씀을 자세하게 설명해 드렸다. 황 목사님은 다정하고도 차분한 목소리로 "축하합니다. 이제 시작입니다."라고 말씀하셨다. 이어서 황 목사님은 요한복음 11장의 나사로 이야기를 풀어주시면서 나사로는 유대의 전통을 상징한 것이요 율법임을 설명해 주셨다. 그리고 죽음에서 살아난 나사로의 얼굴과 몸에 감긴 베와 수건을 풀어 놓아 다니게 하라는 주님의 말씀처럼 십자가의 복음으로 율법에 묶여 있던 마음의 수건이 하나씩 하나씩 벗겨지는 역사가 일어날 것이라 말씀해 주셨다. 또한 임 목사가 선포한 말씀을 듣는 자들이 죄에서 풀려나고 진리로 자유롭게 되는 역사가 나타나게 될 것이라고 격려해 주셨다.

거듭난 이후 그 감격을 우리 교인들에게 기쁨으로 전했다. 놀라운 일은 성도 중에는 이미 내가 경험한 속량의 복음을 맛보고 이 복음을 받아들이는 분들이 있었다. 그들과의 교제로 인해 교회 내에서도 물과 기름이 갈리듯 복음이 전파되는 곳에는 양과 염소가 구분되는 것을 보게 되었다. 이후 속량의 복음을 전하는 뜨거운 열정으로 1988년 12월에 주님께서 목양교회를 세우도록 허락하셨다.

'속량' 죄 사함을 체험한 후 성경 말씀이 하나님의 말씀, 능력의 말씀, 생명의 말씀으로 마음속 깊이 새겨져 영생을 맛보면서 행복하게 살게 되었다. 할렐루야! 무엇보다 가장 놀라운 것은 나 자신의 정과 욕심이 예수님의 십자가와 함께 죽음으로 내적 변화와 더불어 성경 말씀 중심으로 삶과 설교 내용이 바뀌어 가는 것을 발견하게 되었다. 아래와 같은 사도 바울의 고백이 내 자신의 고백이 되었다.

1. "내가 그리스도와 함께 십자가에 못 박혔나니 그런즉 이제는 내가 사는 것이 아니요 오직 내 안에 그리스도께서 사시는 것이라. 이제 내가 육체 가운데 사는 것은 나를 사랑하사 나를 위하여 자기 자신을 버리신 하나님의 아들을 믿는 믿음 안에서 사는 것이라."(갈 2:20)

2. "또한 모든 것을 해로 여김은 내 주 그리스도 예수를 아는 지식이 가장 고상하기 때문이라. 내가 그를 위하여 모든 것을 잃어버리고 배설물로 여김은 그리스도를 얻고 그 안에서 발견되려 함이니 내가 가진 의는 율법에서 난 것이 아니요 오직 그리스도를 믿음으로 말미암은 것이니 곧 믿음으로 하나님께로부터 난 의라."(빌 3:8-9)

3. "내가 그리스도와 그 부활의 권능과 그 고난에 참여함을 알고자 하여 그의 죽으심을 본받아 어떻게 해서든지 죽은 자 가운데서 부활에 이르려 하노니 내가 이미 얻었다 함도 아니요 온전히 이루었다 함도 아니라. 오직 내가 그리스도 예수께 잡힌 바 된 그것을

잡으려고 달려가노라."(빌 3:10-12)

4. "너희 안에서 착한 일을 시작하신 이가 그리스도 예수의 날까지 이루실 줄을 우리는 확신하노라. … 너희 안에서 행하시는 이는 하나님이시니 자기의 기쁘신 뜻을 위하여 너희에게 소원을 두고 행하게 하시나니."(빌 1:6, 2:3)

복음의 말씀 곧 속량의 은혜를 확실하게 받은 이후 목양교회에서 30여 년 동안 매주 화요일마다 성경 공부를 끊임없이 진행하면서 동시에 매년 상, 하반기에 2차례 이상 제자 훈련을 본 교회에서 직접 인도하게 된 것은 복음의 감격이 조금도 변하지 않고 전보다 더욱 말씀이 깊어지고 전하는 말씀마다 먼저 나 자신이 마음에서부터 확증을 받았기 때문이다.

거듭난 이후 하나님의 은혜로 성막에 감추어진 예수 그리스도의 비밀을 알게 하시고 성막을 실물 모형으로 제작하여 성도들의 눈으로 직접 보게 하고 깨닫게 하는 성막 부흥 집회를 국내와 미국과 캐나다, 괌, 사이판, 중국과 동남아시아, 중동 등 수많은 나라에서 전하고 있다.

성막 부흥 집회를 통하여 나타난 열매는 성도들이 구원의 확신을 갖고 어떠한 형편에 있든지 뜨겁게 전도를 하게 되었다는 것이다. 무엇보다도 인격이 신의 성품으로 바뀌어 참 그리스도인으로서 교회를 평강으로 섬기는 좋은 일꾼이 되었다는 간증의 열매들로 가득하다. 그뿐만 아니라 지금까지 성막 부흥회를 인도할 때마다 성경 중심으로 성막에 계시된 예수 그리스도를 증거함으로 온 성도들이 믿음의 첫사랑이 회복되어 교회를 섬기는 기쁨이 넘친다고 하니 얼마나 감사한지 모른다.

찬송가 285장 3절 '이 복된 말 전함으로 내 할 본분 삼았도다.' 가사처럼 이 목숨이 다할 때까지 국내뿐만 아니라 해외 어디를 가더라도 오직 십자가의 복음과 영성, 그리고 주님의 사랑을 전하는 것을 나의 본분으로 삼을 것이다.

10. 속량의 은혜 그 이후 율법 의(義)와 복음 의(義)

"그런즉 우리가 무슨 말을 하리요 의를 따르지 아니한 이방인들이 의를 얻었으니 곧 믿음에서 난 의요 의의 법을 따라간 이스라엘은 율법에 이르지 못하였으니 어찌 그러하냐 이는 그들이 믿음을 의지하지 않고 행위를 의지함이라 부딪칠 돌에 부딪쳤느니라."(롬 9:30-32)

속량의 은혜와 관련해서 과거의 속량의 은혜와 구원, 현재 성화와 성숙함의 구원, 미래의 성화의 온전한 구원을 생각해 보고자 한다. 믿음과 행위, 행위와 믿음은 마치 동전의 양면과 같다. 믿음은 행함에서 오고, 행함은 믿음에서 온다. 이처럼 유대인은 율법의 의로 행위를 강조했다. 그래서 하나님의 의에 이르지 못했다고 바울은 강조하고 있다. 바울은 내게는 선과 의가 없다고 말씀하고 있다. 나의 육신 속에는 의가 없음을 알고, 결국은 예수 그리스도를 만남으로 의를 발견했다고 설파한다.

빌립보서 3장에서 바울이 고백하는 것은 예수 그리스도 안에서 자신의 의를 발견했다는 사실이다. 그리스도를 믿음으로 그리스도를 얻은 후에 하나님의 의를 발견했음을 고백한다. 그래서 바울은 자신의 율법적 행위의 믿음에 관한 모든 것을 배설물로 고백하고 있다. 그리스도를 믿음으로부터 하나님께로부터 난 믿음이 자신의 의가 됨을 고백하고 있다. 행위의 의가 아니라 예수 그리스도로 난 믿음임을 확실히 고백하고 있다.

예수 그리스도를 통해서 죄 사함을 얻었고, 생명을 얻었음을 고백한다. 그리스도를 잘 몰랐을 땐 스데반 집사를 돌로 치라고 한 것이 바울의 율법의 의였다. 그래서 로마서 10:1-3에서 바울이 하나님께 구하는 바는 이스라엘을 위함이라고 한다. 열심 있는 믿음과 신앙생활을 하는 것처럼 보이는 유대인들은 하나님이 원하는 말씀의 지식을 따르는 것이 아니었기 때문이다. 3절에 보면 자기 행위의 의였다. 자기 열심과 자기 의로 했다고 한다. 곧 하나님의 의는 전혀 모르고 자기 의로 했다고 하는 것이다.

바울은 예수를 인격적으로 만나기 전에 자기 의로 열심히 율법대로 살면서 스데반 집사를 돌로 치라고 했던 것이다. 이것이 바로 유교적 신앙생활을 하는 우리와 비슷한 것 같다. 이런 신앙생활은 그리스도를 모르는 유대인 같은 신앙이라고 할 수밖에 없다.

믿음은 진리인 하나님의 말씀과 예수 그리스도를 우리 마음에 확실히 받아들이는 것이다.

　우리는 예수 그리스도를 만나서 죄의 종교인의 신분에서 의인이 된 신분으로 바뀐 은혜를 누리게 되었다. 내가 은혜 받고 거듭났을 때 신분의 변화가 왔고, 의인된 신분으로 우리 마음에 그리스도가 계심으로 진리의 성령이 마음속에 임하는 놀라운 삶을 살게 되었다. 그리스도를 얻고 자기를 발견한 사람은 예수 그리스도의 진리가 내 안에서 있으므로 성화의 구원 속에서 거룩하게 살아간다.

　땅의 것만 생각하던 사람이 하나님의 거룩한 백성으로 변화되어 살아가는 것이다. 곧 영원한 신령한 몸으로 거룩하게 살아가게 되는 것이다. 염소와 송아지의 피로 아니하고 거룩한 예수의 피로 말로 말미암아 하나님의 자녀가 되었기 때문이다. 지금 성화의 구원은 늘 그리스도와 함께 살아가는 것이다. 항상 그리스도로 구원을 이루어 가는 것이다. 착한 일은 예수 그리스도를 믿음으로 성령의 능력을 힘입어 이루어지는 것이다. 행위의 믿음이 결코 아니다. 그리스도를 얻고 나를 발견한 믿음으로 살아가면서 항상 성령을 의지하며 사는 삶이 바로 성화이다.

생활 속에서 하나님의 나라를 이루면서 살아가는 삶이다. 현재적 삶이 주님으로 인해 성화를 이루어 가게 된 것이다. 3단계 구원인 영화로움은 죄성이 소멸된 신령한 양식을 먹는 삶이다. 예수 안의 믿음은 참으로 복된 것이다. 예수 그리스도는 자신의 피를 한 번 드림으로 하나님 나라의 거룩함에 이르게 한 것이다. 따라서 우리의 구원은 행위에서 이루어진 것이 아니라 믿음으로 이루어진 것이다. 로마서 9:30-32의 본문의 말씀이 바로 예수로 말미암은 믿음을 말씀한다. 내 안에서 예수 그리스도로 말미암아 살아가는 것이다. 예수 믿는 구원의 도로 살아가는 삶이 신자의 삶이다. 그래야 신천지나 이단에 빠지지 않는다.

그리스도인은 구원자이신 예수 그리스도를 생명의 주로 믿는 자들이다. 내 죄 사함 받은 것, 죄가 도말된 것이 이미 우리 마음에서 이루어진 사람들이다. 참 신자는 우리 육신에는 선한 것이 없다고 고백한다. 그런 까닭에 행위의 믿음이 아닌 예수를 믿는 믿음의 의에 굳게 서야 한다. 누가복음에 나오는 바리새인의 기도와 같이 하지 말아야 한다. 행위의 믿음을 따르지 말아야 한다. 탕자의 비유에 나오는 큰아들처럼 하지 말아야 한다. 죄 사함을 받지 못했기에 자기 의로 아버지께 따지게 되는 것이다.

아브라함은 하나님을 믿었다. 창세기 15장, 17장에서 아브라함은 전능하신 하나님을 믿었다. 그래서 아브라함이 이삭을 바칠 때, 하나님은 창세기 22:12에 "이제야 네가 나를 믿은 줄 아노라."고 하셨다. 자신의 아들 독자 이삭을 바쳐도 부활의 주이신 하나님은 반드시 살린다고 하는 믿음을 보고 하나님은 아브라함의 믿음을 인정하셨다. 그러므로 우리는 하나님을 절대 믿으며 하나님 보시기에 아름다운 믿음을 가져야 한다.

요한복음 15장의 말씀대로 포도나무에 단단히 붙어만 있으면 그분의 열매가 나오게 된다. 예수 그리스도와 연합된 사람이면 선한 열매를 맺게 된다. 참 포도나무는 예수 그리스도이시다. 그분께 감사하고 영광 돌리는 것이 우리의 복된 삶이다. 하나님의 나라가 내 안에서 이루어지는 것은 예수를 믿는 믿음으로 가능해진다. 참으로 행위에 의지하지 아니하고 예수를 믿는 믿음에 의지하기를 간절히 바란다.

성막에 계시된 예수 그리스도

5부

01. 성막은 어떤 기능을 합니까?[3]

1. 성막은 예수 그리스도를 계시합니다.

예수님은 성경이 자신에 관하여 증언하는 책이라고 말씀하셨다. "너희가 성경에서 영생을 얻는 줄 생각하고 성경을 연구하거니와 이 성경이 곧 내게 대하여 증언하는 것이니라."(요 5:39) 요한복음 5장 46-7절에 따르면, 예수님은 모세가 자신에 대해 기록했다고 말씀하신다. 그 말씀은 신명기 18:18을 언급하는 말씀으로 이해된다고 말한다(Keener, The Gospel of John, 711). 그런데 유대인들은 정작 모세도 믿지 않았으며, 모세가 기록한 글도 믿지 않았다(Carson, John, 206).

사도 바울은 '성령의 조명으로 수건을 벗고 구약을 보면 모든 것들이 그리스도에 관한 기록'이라고 고린도 교회 성도들에게 말씀한다. "우리가 다 수건을 벗은 얼굴로 거울을 보는 것 같이 주의 영광을 보매 그와 같은 형상으로 변화하여 영광에서 영광에 이르니

---

[3] 제5부 "성막에 계시된 예수 그리스도"는 저자의 졸저 『성막에 계시된 예수 그리스도』(서울: 목양미디어, 2005, 초판 1쇄, 2019, 초판 10쇄)의 내용 중 일부를 사용하였음을 밝힌다.

곧 주의 영으로 말미암음이니라."(고후 3:18)

이처럼 구약은 오실 예수 그리스도에 대하여 예언하고 있으며, 신약은 오신 예수와 또 다시 오실 예수 그리스도를 증거하고 있다. 성막은 3,500년 전에 하나님이 모세를 통해 계시하신 것으로 이 땅에 오실 예수 그리스도에 대한 모형이다. 성막의 모든 기물들은 예수의 인격과 사명을 담고 있으며, 교회와 성도들의 삶과 사명이 직접 연결되어 있다. 성경의 주제도 예수이고, 복음도 예수이며, 교회의 머리도 예수, 성막도 예수에 관한 것이다. 죄인들을 사랑하시는 하나님은 죄로 인해 두려움과 수치스러움으로 하나님께 나올 수 없었던 아담과 하와에게 가죽옷을 입히셨다. 이는 예수 그리스도의 복음에 대한 처음 예표이다. 성막은 가죽옷 다음으로 인류에게 주신 예수 그리스도의 복음에 대한 정확한 모형과 그림자다.

2. 성막은 하나님을 만나는 방법을 계시한 지도인 동시에 만남의 장소이다.

인간에게 최고의 영광과 복은 하나님을 만나는 것이다. 반대로 인간의 가장 큰 불행은 하나님께 버림받는 것이다. 죄를 짓고 타락한 인간은 하나님을 꼭 만나야만 죽음에서 생명으로 옮겨질 수 있고 지옥에서 천국으로 들어갈 수 있다. 창세기 1-2장에 나오는 에덴 동산은 하나님의 임재의 장소였으며, 성소로 제시되고 있다 (그레고리 빌, 성전으로 읽는 성경 이야기, 20). 에스겔 선지자는 에덴 동산을 가리켜 성소가 있는 하나님의 산이라 부르고 있다(겔 28:12-17). 그런데 인간이 타락하고 만 것이다. 그래서 인간이 에덴 동산에서 추방당하게 되었던 것이다. 그러나 사랑의 하나님은 그들을 위해 하나님과 만날 수 있는 유일한 소망의 문을 열어 놓으셨다. 오직 예수 안에서만 만날 수 있는 길 말이다. 성막은 바로 이 사실에 대한 표지판이다.

하나님은 예수와 함께 계신다. 성막을 통해 예수를 만나면 하나님을 정확하게 알고 그분을 만나게 된다. 이는 올바른 약도가 정확하고 빠르게 그 목적지로 인도해주는 것과 같다. 성막은 예수를 만나는 약도이며, 예수 안에서 하나님을 만나게 해주는 정확한 표지판이다. 성경은 어떻게 하나님을 만날 수 있는지를 시대별로 계시해주었다. 아담과 하와는 가죽옷을 입고 하나님을 만났다(창 3:21). 노아, 아브라함, 이삭과 야곱은 제단에서 하나님을 만났다(창 8:20-21, 15:12-21, 46:1-3). 하나님은 이스라엘 백성들을 그의 성산 시내 산으로 부르셨고 이스라엘과 언약을 맺으셨다(출 24:1-18). 그리고 그 산에서 하나님은 성막 건설을 위한 마스터 플랜을 모세에게 일러 주셨고, 그 설계도를 따라 성막은 지어졌다. 그 이후 모세는 성막에서 하나님을 만났다. 출애굽기 25:22에 따르면, 하나님의 천상적 임재를 상징하는 언약궤는 하나님이 그의 백성들과 함께 거하신다는 사실을 입증하는 것이다(그레고리 빌, 성전으로 읽는 성경 이야기, 63.) 따라서 성막은 하나님이 거하시는 처소였으며, 죄인을 만나주신 유일한 장소였다. 이는 타락한 인간이 오직 예수 그리스도 안에서 거룩하신 하나님을 만나 뵐 수 있음을 시사하고 있다.

3. 성막에 관한 성경의 말씀은 무려 50장이나 된다.

성경은 단일 주제로 성막에 대해 가장 많은 장수를 할애하고 있다. 출애굽기에서 13장, 레위기에서 18장, 민수기에서 13장, 신명기에서 2장, 히브리서에서 4장으로 도합 50장에서 성막에 대해 말하고 있다. 원역사가 11장이고 아브라함의 생애가 14장인 것에 비하면, 성막은 방대한 비중을 차지하고 있다. 그러므로 성막에 관하여 복음적인 해석을 통해 바르게 공부하고 듣고 배우는 것은 아주 필요하다.

4. 성막을 통해 자신의 영적인 상태를 진단하고 대처할 수 있다.

육신의 병도 조기에 발견하고 치료하면 건강한 인생을 살 수 있듯이 영적인 병도 조기에 발견하고 치유 받으면 건강하고 행복한 삶을 주 안에서 회복할 수 있다. 성막을 복음으로 바르게 이해하고 그것을 구체적으로 적용하는 것은 영과 육의 삶을 종합 진단하는 청진기에 비유할 수 있다. 성막과 성물들 하나하나에 비밀로 간직된 복음적 의미들은 성도들의 현재의 모습을 정확히 진단하고 성소와 지성소로 들어가는 축복의 성도로 변하도록 도전을 준다.

1) 문에서

나는 정말 예수 그리스도를 구원의 유일한 구주로 고백하고 있는가?

2) 번제단에서

나의 죄의 결과는 무엇인가?
나의 죄가 예수의 피로 속죄함을 받은 것을 확실히 믿는가?
나는 용서 받은 의인이라는 것을 확신하고 있는가?

3) 물두멍에서

나는 죄 사함을 받은 이후에도 지속적으로 성결한 생활을 하고 있는가?
중생한 뒤 죄의 사슬을 끊었는가?

버리지 못하고 끌려 다니는 죄는 없는가?

4) 촛대 앞에서

나는 진리의 빛 속에 거하고 있는가?

나는 빛 된 사명에 충성하고 있는가?

5) 떡상 앞에서

나는 헌신의 생활을 하고 있는가?

나는 생명의 떡인 예수 그리스도를 일용할 양식으로 삼고 있는가?

6) 분향단 앞에서

나는 기도하기를 쉬는 죄를 범하고 있지는 않은가?

나는 날마다 하나님과의 대화의 창구를 열어놓고 있는가?

7) 법궤 앞에서

나는 날마다 하나님의 말씀 앞에서 살려고 애쓰고 있는가?

나의 속죄가 전적으로 하나님의 은혜임을 기억하고 사는가?

나는 죽은 고목나무에도 싹이 나게 하시는 하나님의 능력을 확실히 믿는가?

나는 주님을 통하여 부활할 것을 믿고 있는가?

5. 인간이 죄 사함을 받을 수 있는 유일한 장소는 성막이기 때문이다.

성막은 죄인을 구원하는 장소이다. 왜냐하면 하나님은 그곳에서 자신을 계시하시고 죄인을 만나 주시겠다고 약속하셨기 때문이다(출 25:22).

이러한 성막에서

1) 하나님은 죄인과 말씀하신다.

"여호와께서 회막에서 모세를 부르시고 그에게 말씀하여 이르시되."(레 1:1)

"이는 너희가 대대로 여호와 앞 회막 문에서 늘 드릴 번제라. 내가 거기서 너희와 만나고 네게 말하리라."(출 29:42)

2) 하나님은 죄인을 받아 주신다.

하나님은 다른 곳에서는 죄인을 만나 주시지 않으신다.

"그는 번제물의 머리에 안수할지니 그를 위하여 기쁘게 받으심이 되어 그를 위하여 속죄가 될 것이라."(레 1:4)

이것은 하나님이 죄인을 만나 주시는 모습과 그들을 받아 주시는 방법을 말해 주고 있다. 죄인은 성막에서 제물을 드렸고 하나님은 대속의 제물을 받으시고 죄인을 속량하셨다. 이처럼 모세 시대에 성막은 죄인이 구원받는 유일한 장소요, 성막에서 드리는 제사는 구원받는 유일의 방법이었다. 그래서 성막을 바로 이해하는 것은 아주 중요하다.

6. 성막은 성도가 반드시 소유해야 할 신앙의 나침반이기 때문이다.

이스라엘 백성의 광야 생활은 천국을 향해 걸어가는 이들이 어떻게 이 땅의 삶을 살아야 하는지를 보여주는 산 교훈이다. 이스라엘 백성들의 광야 40년은 젖과 꿀이 흐르는 가나안 땅을 향하여 걸어가는 과정이었고, 이는 모든 그리스도인이 천국을 향해 나아가는 삶의 여정과 같다. 하나님은 불 기둥과 구름 기둥으로 광야에서도 이스라엘 백성들과 함께하셨다. 그들은 하나님이 출발하면 출발했고, 멈추면 멈추었고, 하나님이 지시하는 방향과 목적지를 향해 따라갔다. 그러나 불순종하고 거역하는 자들은 광야에서 쓰러져 죽었다. 이것은 모든 사람은 성막을 중심으로 살아야 하고, 구름 기둥과 불 기둥(말씀과 성령)의 인도를 따라가야만 천국(가나안 땅)에 들어갈 수 있다는 것을 보여준다. 또한 이 땅에 있는 모든 교회는 철저하게 신본주의적 삶을 지향해야 한다는 것을 교훈하고 있다.

7. 성막은 하나님의 일꾼, 그리스도의 일꾼, 교회 일꾼의 교과서가 되기 때문이다.

한 사람의 인생은 누구를 만났느냐에 따라서 달라진다고 한다. 예수님을 만나면 하나님 마음에 합당한 삶을 사는 복음적인 성도, 하나님의 일꾼이 된다. 왜냐하면 예수님은 하나님 아들이시고, 복음 자체이시기 때문이다. 그래서 예수님을 참으로 바로 알면 복음적인 삶을 살게 된다. 성막을 공부하면 진리 되신 예수 그리스도를 분명하고 확실하게 알게 되고, 예수님을 만나게 한다. 또한 사람들로 하여금 하나님 나라를 위한 열정에 사로잡히게 한다.

8. 성막은 축복받는 삶이 무엇인지 알게 해 준다.

하나님은 모든 사람에게 복 주시기를 원하신다(민 6:22-27). 그러나 죄인 된 인간은 사망의 길에 놓여 있다. 죄의 삯은 사망이기 때문이다(롬 6:23). 하나님은 이처럼 죄로 인하여 죽을 수밖에 없는 죄인들에게 영원한 생명을 주시려고 독생자 예수님을 보내주셨고, '누구든지 예수를 믿으면 영생을 주시겠다.'고 약속하셨다(요 3:16). 이것이 하나님이 인간에게 주신 최고의 복이다. 곧 예수 그리스도를 통해 약속하신 새 생명을 얻는 것이다. 하나님은 아담(창 1:28)과 노아(창 6:1), 아브라함에게 복을 주셨고(창 12:2-3), 이삭(창 26:12), 야곱(창 28:10-15), 요셉(창 41:37-43), 그리고 약속의 말씀 안에서 사는 모든 자에게 복 주실 것을 약속하셨다. 성막은 문에서부터 지성소까지 모든 것이 복된 삶에 대해 교훈하고 있다.

9. 성경이 읽는 복음이라면, 성막은 보는 복음이라 말할 수 있다.

하나님이 금하신 선악과를 범한 아담과 하와를 에덴 동산에서 추방하시면서도 죄로 인한 수치와 두려움 속에 있던 그들을 위해 가죽옷을 입히셨다. 이 가죽옷은 죄인을 위한 예수 그리스도의 복음을 처음으로 예표하고 있다. 성막은 타락한 아담과 하와에게 입히신 가죽옷 다음으로 인간에게 주신 복음의 예표이다. 즉 성막은 죄인을 위한 예수 그리스도의 복음과 그를 통해 이루실 하나님의 구원 사역을 예표하는 모형인 것이다. 그래서 3,500년 전 세워진 성막과 성막의 모든 성물은 '보고', '듣고', '만짐으로' 예수 그리스도의 복음을 체험하게 한다.

10. 성막은 추수꾼의 복음이다.

지금은 성경에서 말씀하신 대로 주님이 오실 때가 임박함을 피부로 느낄 수 있는 때이다. 오늘날은 홍수의 심판이 임한 '노아의 때'처럼, 죄악으로 하나님을 진노케 했던 '소돔과 고모라'처럼 죄와 악이 만연하다. '인본주의', '이성주의', '세속 문화의 물결'이 교회 안에 팽배한 지가 이미 오래되었다. 온 성도들은 성막에 계시된 피의 복음을 듣고 성전 뜰의 삶(마당만 밟는 신앙)을 청산하고 하나님이 임재하신 은혜의 자리인 지성소 안으로 들어가야만 구원을 얻을 수 있다.

02. 찢어진 휘장과 속량

믿음으로 성막문을 들어가게 되면, 우리는 번제단과 마주치게 된다. 그리고 번제단 위에 희생제물이 놓여 있는 것을 보게 된다. 이 번제단은 다름 아닌 십자가이다. 거기서 우리는 구원을 체험하며 은혜의 찬송을 부른다.

> 나 속죄함을 받은 후,
>
> 한없는 기쁨을 다 헤아릴 수 없어서 늘 찬송합니다
>
> 나 속죄함을 받은 후,
>
> 내 맘이 새로워 주 뜻을 준행하면서 죄 길을 버리네
>
> 나 속죄함을 받은 후,
>
> 성령이 오셔서 하나님 자녀 된 것을 곧 증언합니다
>
> 나 속죄함을 받은 후,
>
> 보혈의 공로로 내주의 은혜 입으니 늘 평안합니다
>
> 나 속죄받은 후 나 속죄받은 후 주를 찬미하겠네
>
> 나 속죄받은 후 주의 이름 찬미하겠네
>
> - 찬송가 283장(통 183장) -

번제단에서 갈보리 십자가에서 죽으신 그리스도를 만나고, 물두멍에 이르러 우리는 그리스도의 보혈로 죄를 씻고, 말씀과 성령으로 정결함을 입는다. 그리고 성소로 들어가서 만남의 길을 은혜로 예비하여 주신 하나님과 교제할 수 있도록 준비된다. 그런데 지성소 앞에서 우리는 심각한 문제에 봉착하게 된다. 그것은 15cm나 되는 두꺼운 휘장이 지성소로 들어가는 길을 완전히 막고 있기 때문이다. 지성소로 들어가는 입구는 휘장으로 가려져 있고, 그 휘장 너머에 언약궤가 자리하고 있다.

지성소로 들어가는 데 있어서 또 다른 어려움은 언약궤 안에는 하나님의 거룩성의 표준인 두 개의 십계명 돌판이 있다는 것이다. 언약궤가 담고 있는 율법은 하나님 앞에서 죄인들을 정죄하기 때문이다. 그리고 그 죄의 형벌은 죽음이다. 하나님은 거룩하신 분이기에 완전하지 못한 자들은 그분 앞에 나올 수 없다. 그러므로 피로 속죄 받지 못한 죄인은 언약궤가 있는 지성소로 결코 들어올 수 없었고, 들어오면 죽음을 면치 못했다.

우리는 복되신 하나님을 만나기 위해서 지성소로 나아가야 한다. 그러나 우리 앞에 죄와 죽음의 휘장이 가로막고 있으니 큰 문제다. 우리는 자신의 능력으로 그것을 통과할 수 없다. 오직 예수 그리스도의 대속의 죽음으로 휘장이 찢겨졌기에 주님의 백성들은 죽음의 심판 없이 하나님 앞으로 나아갈 수 있게 되었다.

◆ 휘장의 중요성

지성소의 입구를 가린 휘장은 하나님의 임재의 장소인 지성소를 성소와 구별하기 위해 만들어졌다. 대제사장 외엔 아무도 그곳에 들어가지 못하도록 막는 기능을 한다. 이는 창세기 3장 24절을 떠올리게 한다. 지성소를 막고 있었던 휘장은 마치 생명나무의 길을 지키기 위해 에덴 동산 동편에 세워 둔 그룹들과 회전하는 칼의 불꽃과 같다. 여기서 생명나무의 길은 영적으로 보면 지성소로 가는 길과 유사하다.

하나님은 휘장을 쳐서 아무나 지성소로 들어가지 못하게 하셨다. 오직 대제사장만이 일 년에 단 한 번 들어갈 수 있었다. 대제사장이라도 허락된 때가 아니라면 죽음을 면치 못했다. 이 죽음을 방지하기 위해서, 생명나무로 가는 길을 그룹들과 화염검으로 지키게 하셨던 것처럼, 지성소 앞에 휘장을 두게 하셨던 것이다.

"여호와께서 모세에게 이르시되 네 형 아론에게 이르라. 성소의 휘장 안 법궤 위 속죄소 앞에 아무 때나 들어오지 말라. 그리하여 죽지 않도록 하라. 이는 내가 구름 가운데에서 속죄소 위에 나타남이니라."(레 16:2)

휘장 뒤에는 하나님의 보좌인 속죄소와 언약궤가 있었다. 역대상 13:6에 따르면, 여호와는 언약궤와 두 그룹 사이에 좌정하신다(그래고리 빌, 64). 그 언약궤 안에는 하나님이 주신 증거판을 넣어두도록 하였다(출 25:16). 성막의 구조를 보면, 바깥뜰과 성막을 구분짓도록 성소 입구에 드리운 휘장으로는 제사장들이 들어오도록 허용되었지만, 지성소의 휘장은 출입을 금할 목적으로 설치되었던 것이다. 따라서 지성소는 그의 백성들을 향하여 다가오시는 하나님을 상징적으로 드러내는 기능을 나타냄과 동시에 그의 거룩하심 때문에 인간이 도저히 다가갈 수 없는 하나님을 보여주는 것이다(박철현, 출애굽기, 237). 지성소 앞의 휘장은 주 예수 그리스도를 통한 길이 열리기까지는 대제사장 외에 누구도 지나서 들어갈 수 없었다. 성소 안에서 일했던 제사장들조차도 천정과 지성소 휘장 바깥에 새겨진 그룹들을 보며, 하나님의 거룩성에 대한 주의를 받았다.

그런데 요한복음 1장 14절에 따르면, 그 휘장은 스스로 육신의 몸을 입으셨으나 온전하시고 죄가 없으신 그리스도의 인성을 나타낸다(요 1:14). 예수 그리스도는 하나님이시요 완전한 인간이시기에 절대적으로 거룩하신 하나님과 타락한 인간 사이에 중보적 역할을 담당할 수 있었다. 중보하는 역할이란 인간들에게 하나님의 공의와 사랑을 온전히 계시함과 동시에 죄인인 인간을 대속하기 위해 자신을 속죄의 제물로 내어줌으로써 죄인들이 하나님께 나아갈 수 있도록 한 것을 말한다. 예수 그리스도께서 대속의 보혈을 흘려주시고 이로써 죄인이 하나님께로 나아가는 길을 여시기까지, 지성소의 휘장은 접근성에 있어서 인간이 다가갈 수 없는 위험한 거룩성을 보여주고 있다. 지성소는 하나님이 임재하시는 거룩한 공간이며, 그 앞에서 죄가 드러나 죽음을 면치 못하는 곳이다. 그러므로 사도 바울은 '기록된 바 의인은 없나니 하나도 없다'고 말하면서 예수 그리스도의 대속의 은혜로 자기 죄를 해결 받지 못하고서는 그 누구도 하나님의 영광에 도달할 수 없음을 선포하였다. 로마서 3장 23은 "모든 사람이 죄를 범하였으매 하나님의 영광에 이르지 못하였다"라고 분명히 말씀한다.

◆ 찢어진 휘장

성경은 그리스도께서 죽으실 때 성전 휘장이 찢어진 사실에 대해서 분명하게 증거 한다. 그리스도의 희생이 없이는 이 세상의 죄를 궁극적으로 해결할 수 없다. 우리 주님이신 예수 그리스도와 같이 거룩하고 완전하지 않고는 절대로 하나님의 임재로 들어갈 수가 없다. 그런데 예수 그리스도께서 자신을 제물로 드려 우리를 대속하심으로 하나님께 담대히 나아갈 수 있도록 하신 것이다. 이 얼마나 놀라운 은총인가.

히브리서 기자는 지성소의 휘장을 예수님의 몸이라고 말한다. "그 길은 우리를 위하여 휘장 가운데로 열어 놓으신 새로운 살 길이요 휘장은 곧 그의 육체니라."(히 10:20) 지성소의 휘장이 찢어진 것처럼, 십자가에서 대속의 제물이 되신 예수님의 몸이 고난을 당하고 부서짐으로 죄인이 하나님께 나아갈 수 있는 길을 여셨다. 예수님이 육신을 입고 이 땅에 오신 이유를 "때가 차매 하나님이 그 아들을 보내사 여자에게서 나게 하시고 율법 아래에 나게 하신 것은 율법 아래 있는 자들을 속량하시고"(갈 4:4), 즉 죄인을 속량하여 생명의 주인이신 하나님에게 나아가게 하기 위함이라고 분명히 말하고 있다.

"예수께서 다시 크게 소리 지르시고 영혼이 떠나시니라. 이에 성소 휘장이 위로부터 아래까지 찢어져 둘이 되고 땅이 진동하며 바위가 터지고 무덤들이 열리며 자던 성도의 몸이 많이 일어나되."(마 27:50-52)

마태복음 27:50-52은 예수님께서 십자가에 못 박혀 돌아가시며 그 육체가 찢어질 때 지성소를 막고 있는 성소 휘장이 위로부터 아래까지 완전히 찢어졌다고 증거 한다. 또한 히브리서 기자는 '휘장은 곧 예수님의 육체'라고 직접적으로 언급하고 있다(히 10:19-20). 위로부터 찢어졌다는 것은 하나님이 하신 일이라는 표징이다.[4] 그리스도께서 하나님의 표준을 온전히 만족시키셨고, 이렇게 함으로 인간과 자연, 그리고 모든 피조물은 하나님과 화목하게 되는 일이 가능해졌다. 하나님은 예수 그리스도의 피를 화목제로 삼으셨으며 "자기의 의로우심을 나타내사 자기도 의로우시며 또한 예수 믿는 자를 의롭다 하려"하신 것이다(롬 3:26). 그 결과 죄는 그리스도의 희생으로 없어졌으며(히 1:3), 예수 그리스도를 믿는 자는 담대히 하나님의 온전하신 의 앞으로 나아갈 수 있도록 하셨다. 따라서 모든 신자는 예수께서 십자가에 달리셔서 "다 이루었다."라고 외치시며 죽으실 때에 휘장이 완전히 둘로 찢어진 사실을 깊이

---

[4] 휘장의 두께는 15㎝ 정도이다. 두 마리의 황소가 잡아당겨도 찢어지지 않는 단단한 휘장이었다. 이것은 결단코 저절로 찢어질 수 없음을 말하는 것이다. 오직 하나님이 찢으심으로 말미암아 되어진 일이다.

묵상해야 한다. 예수 그리스도의 죽음이 나를 위한 피 흘림이라는 사실을 믿는 성도는 누구나 들어갈 수 있는 길이 열리게 된 것이다. 오! 죄인을 위한 하나님의 은혜가 어찌 그리 큰지요. 삼위 하나님을 영원히 찬양하고 경배하지 않을 수 없다.

특별히 마태는 예수께서 십자가의 죽으심의 결과로 하나님의 구속 계획이 성취되었음을 강조하고자 무덤이 열리는 사건을 말씀하고 있다(강대훈, 마태의 수난 기사에 나타난 성전의 하늘 상징성, 21). 마태복음 27:52-53은 휘장이 찢어지고 난 뒤 무덤들이 열리고 자던 성도의 몸이 많이 일어나되 예수의 부활 후에 그들이 무덤에서 나와서 거룩한 성에 들어가 많은 사람에게 보였다고 기록하고 있다. 인류 역사상 죽은 자가 살아나다니 이 얼마나 충격적인 놀라운 일인가. 이러한 사실들은 성전의 휘장이 찢어진 것이 새 생명의 도화선이었음을 나타낸다. 새로운 생명의 부활에 이를 수 있는 길이 열렸음을 선포하는 것이다(롬 4:25). 구약 시대의 희생은 죄를 완전히 제하여 버릴 수 없었지만, 예수 그리스도는 십자가 죽으심을 통해 죄의 문제를 완전히 해결하셨다. "오직 그리스도는 죄를 위하여 한 영원한 제사를 드리시고 하나님 우편에 앉으사 그 후에 자기 원수들을 자기 발등상이 되게 하실 때까지 기다리시나니 그가 거룩하게 된 자들을 한 번의 제사로 영원히 온전하게 하셨

느니라."(히 10:10-14)

예수 그리스도는 자신의 몸을 십자가에 내어줌으로 휘장 가운데로 새로운 생명의 길을 열어 놓으셨다. 그래서 모든 사람이 하나님께 직접 나아갈 수 있게 하셨다. 예수님은 인간이 더 이상 성전과 사제들의 구속에 매여 고통을 당하지 않도록 완전히 자유케 해 주셨다. 예수 그리스도께서 단번의 대속의 희생이 되심으로 우리의 모든 죄의 대가를 치르시고 구속을 이루신 것은 얼마나 놀라운 일인가? 이제 우리는 그 긍휼하심을 받고 때를 따라 돕는 은혜를 얻기 위하여 은혜의 보좌 앞에 언제든지 담대히 나아갈 수 있다 (히 4:16).

그러나 예수님이 이렇게 피 흘리고 죽으심으로 그를 믿고 나아오는 자에게 생명나무의 길을 열어 놓으셨지만, 아직도 많은 사람은 그 유일한 구원의 길을 의심하고 부인하고 있다. 성경은 인간이 스스로 구원의 길을 모색할지라도 그리스도를 제외하고는 다른 길이 없음을 분명하게 선포한다. "다른 이로써는 구원을 받을 수 없나니 천하 사람 중에 구원을 받을 만한 다른 이름을 우리에게 주신 일이 없음이라 하였더라."(행 4:12)

 이스라엘 백성들이 하나님이 지시하신 이외의 다른 길로 지성소에 들어오려 한다면 죽음을 면치 못했던 것과 같이, 그 누구든지 예수 그리스도를 통하여 하나님께 나아오지 않으면 영적인 죽음을 당할 수밖에 없다. 우리는 유일한 소망이 우리를 위하여 죄의 대가를 대신 치르신 예수 그리스도뿐임을 확실하게 알아야 한다. "또 증거는 이것이니 하나님이 우리에게 영생을 주신 것과 이 생명이 그의 아들 안에 있는 그것이니라. 아들이 있는 자에게는 생명이 있고 하나님의 아들이 없는 자에게는 생명이 없느니라."(요일 5:11-12)

그래서 사도 바울은 일생동안 예수 그리스도를 바로 알기를 원했고 "또한 모든 것을 해로 여김은 내 주 그리스도 예수를 아는 지식이 가장 고상하기 때문이라."(빌 3:8)고 설파했다.

03. 속량의 죽음과 부활

광야에 있는 성막은 하늘에 이미 존재하고 있는 것을 본떠서 아주 자세하고 섬세하게 계획되어 세워졌다. 이 사실은 히브리서 8장에 분명하게 증거하고 있다. "지금 우리가 하는 말의 요점은 이러한 대제사장이 우리에게 있다는 것이라. 그는 하늘에서 지극히 크신 이의 보좌 우편에 앉으셨으니 성소와 참 장막에서 섬기는 이시라. 이 장막은 주께서 세우신 것이요 사람이 세운 것이 아니니라."(히 8:1-2)

성막은 이스라엘 백성들이 광야에서 세웠다. 그러나 성막은 사람들이 고안해 낸 것이 아니라 하나님이 계시하신 대로 지은 것이다. 우리는 이미 성막의 모든 부분이 예수 그리스도의 완전한 인격과 특성과 사역을 여러 모양으로 나타내고 지시하고 있음을 살펴보았다. 다시 말하면 번제단은 그리스도의 십자가를, 물두멍은 주님의 말씀과 성령을, 등대는 빛이신 그리스도를 가리키고 있다. 또한 우리는 성막의 모형에서 주님의 십자가의 죽음과 부활을 만져볼 수 있다.

성막에서 흠 없는 짐승으로 드려진 속죄의 제사뿐만 아니라 울타리를 견고케 하는 말뚝들도 예수 그리스도의 죽음과 그 의미를 드러내고 있다. 말뚝은 성경 다른 곳에서 '못'이라고 일컬어지는데, 이사야서에는 직접적인 표현으로 그리스도를 못에 비유하기 때문이다. "못이 단단한 곳에 박힘같이 그를 견고하게 하리니 그가 그의 아버지 집에 영광의 보좌가 될 것이요 그의 아버지 집의 모든 영광이 그 위에 걸리리니 그 후손과 족속 되는 각 작은 그릇 곧 종지로부터 모든 항아리까지니라."(사 22:23-24)

성막의 울타리와 덮개를 고정하기 위해 사용된 놋 말뚝은 땅속 깊숙이 묻혔다. 이 말뚝들은 땅 속에 매장되어 있는 부분과 땅 위로 노출된 부분이 있는데, 이것은 주님의 죽음과 부활을 말해 주고 있다. 다시 말하면, 죽음은 땅 속에 매장된 부분과, 부활은 땅 위에 나타나 있는 부분과 연관된다. 만약 말뚝 전체가 땅에 묻힌다면, 그것은 아무 쓸모가 없게 되어 버린다. 말뚝 일부가 땅 위에 솟아 있어야 그곳에 밧줄을 붙잡아 맬 수 있고, 이로써 성막을 안전하고 견고하게 지탱할 수 있기 때문이다.

마태는 예수의 수난과 십자가에 죽으신 사건들을 곧바로 예수의 부활 사건과 연결시켜 십자가의 사건이 부활과 직결된다는 사

실을 부각시키고 있다(강대
훈, 마태의 수난 기사에 나타
난 성전의 하늘 상징성, 21). 예
수의 죽음이 새 언약과 구원
시대를 여는 사건이었다면,
그의 부활은 마지막 때에 있

을 성도들의 부활이 시작된 것을 의미한다(마크 L. 스트라우스, 네 편의 초상, 한 분의 예수, 907). 만약 그리스도의 부활하심이 없었다면, 우리의 믿음은 모두 헛것이 되고 만다. 만약 그리스도께서 십자가에 죽으시고 다시 사는 것이 없었다면, '그가 인류의 죗값을 치르셨다.'고 하더라도, 우리에게는 아무 유익이 없다. 왜냐하면 부활이 없다면, 우리는 예수님의 십자가로 죄 용서는 받겠지만, 새로운 생명은 얻지 못하기 때문이다. 죽음은 유보되었을 뿐 여전히 우리를 지배하고 있었을 것이다. 이러므로 주 예수 그리스도의 부활은 완전한 속죄가 이뤄졌음을 입증하는 것이다. 그래서 부활은 죄에 대한 심판이 끝났음을 의미한다. 따라서 구원의 길은 우리를 대속하시는 예수 그리스도의 십자가의 죽음을 믿는 것뿐이다. 다른 방도는 없다. 그와 동시에 주님께서 부활하심으로 새로운 생명을 이미 성취하셨기에 그것을 우리에게 약속하신 것이다. 우리도 부활할 것을 말이다. "예수께서 이르시되 나는 부활이요 생명이니

나를 믿는 자는 죽어도 살겠고."(요 11:25)

예수 그리스도의 죽음과 부활의 상징은 말뚝에만 나타나는 것이 아니다. 성막의 제 1덮개에서도 볼 수 있다. 제1덮개는 하얀 세마포로 되어 있는데, 그 위에 청색, 자색, 홍색, 그리고 가늘게 꼰 베실로 천사들을 수놓았다. 이미 언급했듯이 네 가지 색은 그리스도의 인격과 사역을 나타내고 있는데, 그중 홍색은 고난받고 피 흘려 죽으실 예수를, 베의 흰색은 그리스도의 성결과 부활을 상징한다. 또한 제2덮개는 흰 염소털로 되었는데, 이것은 그리스도가 십자가 위에서 죽어서 속죄 제물이 될 것을 상징한다.

언약궤는 예수 그리스도의 구속 사역, 십자가의 죽음과 부활을 가장 잘 보여준다. 언약궤 안에는 십계명 두 돌판과 만나 항아리와 아론의 싹난 지팡이가 있었는데, 그 모두는 생명을 살리는 것으로서 예수 그리스도와 연결된다. 만나는 생명의 떡인 그리스도를, 아론의 싹난 지팡이는 부활하시는 그리스도를, 십계명은 말씀을 통한 영혼 구원을 각각 나타낸다. 이처럼 언약궤 안의 세 가지 물건들은 모두 그리스도의 죽음과 부활을 가리키고 있다.

요한계시록 2장 17절에 기록된 "귀 있는 자는 성령이 교회들에게 하시는 말씀을 들을지어다. 이기는 그에게는 내가 감추었던 만나를 주고 또 흰 돌을 줄 터인데 그 돌 위에 새 이름을 기록한 것이 있나니 받는 자밖에는 그 이름을 알 사람이 없느니라."는 말씀은 이기는 자에게, 하나님의 나라에서 성도들에게 장차 공급하게 될 만나에 대하여 말씀한다. 이 만나는 없어지지 않고 영원히 부패하지 않을 것이다. 하나님이 광야에 있는 이스라엘 백성들에게 공급해 주신 만나는 영원히 부패하지 않고 없어지지 않는 생명의 떡이신 그리스도 자신에 대한 것임을 확신할 수 있다. "이튿날 모세가 증거의 장막에 들어가 본즉 레위 집을 위하여 낸 아론의 지팡이에 움이 돋고 순이 나고 꽃이 피어서 살구 열매가 열렸더라."(민 17:8). 아론의 싹난 지팡이는 죽음에서 다시 생명이 나오는 부활을 보여주고 있고, 이는 예수 그리스도의 부활을 의미한다. 이처럼 성막은 예수 그리스도의 죽음과 부활을 예표한다. 예수 그리스도는 십자가에서 대속의 제물로 죽으심으로 모든 사람을 죄로부터 속량하셨다. 그리고 부활하심으로 죄와 사망의 권세를 이기셨고, 믿음으로 나아오는 자에게 구원의 은혜와 영원한 생명을 주셨다. 성막은 이를 분명하게 보여주고 있다.

04. 피 흘림을 통한 속량과 화목

죄인 된 인간이 하나님과 화목하게 된 것은 예수 그리스도의 보혈로 인함이다. 그리스도로서 주님의 사역은 십자가에 함축되어 있다. 주님은 우리 죄를 사하시기 위해 죽으셨고, 하나님은 예수 그리스도의 대속의 피로 인간을 용서하신다. 그 피 아래 있는 사람은 누구나 하나님의 용서 아래 있다. 레위기 3장의 속죄제는 이를 잘 보여주고 있다. 또한 출애굽기 12장에 기록된 유월절 어린 양의 피에서 우리는 주님의 보혈의 의미를 볼 수 있다. 하나님은 인간의 도덕적 행위를 보고 죄를 용서하시는 것이 아니라, 아들의 피를 보고 용서하신다.

"그가 빛 가운데 계신 것 같이 우리도 빛 가운데 행하면 우리가 서로 사귐이 있고 그 아들 예수의 피가 우리를 모든 죄에서 깨끗하게 하실 것이요."(요일 1:7)

주님은 또한 우리의 허물을 사하시기 위해 죽으셨다. 죄가 우주적이요, 유전적인 인간 본래의 본성이라면, 허물은 각 개인이 인격적으로 낱낱이 범한 범죄들이다. 이 범죄들이 모두 십자가를 통해 용서된다. 레위기 5장의 속건제는 바로 이것을 말해준다. "우리는

다 양 같아서 그릇 행하여 각기 제 길로 갔거늘 여호와께서는 우리 모두의 죄악을 그에게 담당시키셨도다."(사 53:6) "만일 우리가 죄가 없다고 말하면 스스로 속이고 또 진리가 우리 속에 있지 아니할 것이요."(요일 1:9)

이스라엘 백성들이 하나님과의 화목을 이루는 유일한 길은 예수의 피 흘림을 통해서이다. 율법은 죄인에게 죽음과 형벌이 내려져야 한다고 요구한다. 율법은 우리의 죗값이 치러지지 않는다면 언제나 사형 선고 아래 있다고 말한다. 그러나 율법의 돌판이 담겨 있는 언약궤 위 속죄소에 대제사장은 희생제물의 피를 뿌렸다. 언약궤는 언제나 시은좌(施恩座)로 덮는다.

하나님은 그 위에 뿌려진 보혈로 말미암아 율법을 보지 않으신다. 하나님은 "내가 피를 볼 때에 너희를 넘어가리니"라고 말씀하셨다. 그러기에 피는 구원에 있어서 필수 불가결한 것이다. 피가 없다면, 우리는 아직도 사형 선고 아래 있는 것이다. 율법 위에 뿌려진 그 피를 제거해 버린다면, 심판은 확실하게, 그리고 신속하게 우리에게 다가올 것이다.

우리의 생명을 보호하고 하나님과 화목하게 되기 위해서는 피가 절대적으로 필요하다는 사실은 사무엘상 6장에 기록된 사건에서도 분명하게 드러나 있다. 당시에 언약궤는 이스라엘의 죄 때문에 블레셋 사람들에게 넘어가게 되었다. 그러나 언약궤를 가져갔던 블레셋 사람들에게 무서운 저주가 임해 스스로 이스라엘에게 언약궤를 돌려주기에 이르렀다. 언약궤가 벧세메스라는 도시에 이르게 되자, 이스라엘 사람들은 안에 있는 물건들을 블레셋 사람들이 꺼내지는 않았는지 하는 우려와 한편의 호기심으로 속죄소 덮개를 열게 되었다. 그때 즉시 하나님의 심판이 그들에게 임했다. 사무엘상 6장 19절에는 그 사건이 다음과 같이 기록되어 있다.

"벧세메스 사람들이 여호와의 궤를 들여다 본 까닭에 그들을 치사 (오만) 칠십 명을 죽이신지라. 여호와께서 백성을 쳐서 크게 살륙하셨으므로 백성이 슬피 울었더라."

벧세메스에서 일어났던 사건은 피를 제거해 버리면 - 속죄의 피를 가진 뚜껑(속죄소)을 열면 - 하나님의 은혜의 보좌가 심판의 보좌가 된다는 사실을 깨닫게 한다. 그래서 이스라엘 백성들은 번제단에서 죽인 정결한 동물의 피를 끊임없이 흘리게 함으로 하나님의 은혜 가운데 설 수 있었고, 대제사장은 매해 한 번씩 피를 가지고 지성소에 들어가서 하나님께서 임재하시는 속죄소 위에다 뿌림으로 이스라엘 백성의 죄가 사해짐으로 하나님의 은혜가 나타났던 것이다. 그러나 이것은 죄를 일시적으로 속량하는 것밖에 되지 않는다. 짐승의 피는 썩고 없어지는 것이기에 절대로 죄를 영원히 도말할 수 없다. 그러나 주 예수 그리스도의 보혈은 썩지 아니하는 신령한 피이기에 우리의 죄를 완전히 도말하고 죄의 문제를 영원히 해결할 수 있다.

나의 죄를 씻기는 예수의 피밖에 없네
다시 정케 하기도 예수의 피밖에 없네
나를 정케 하기는 예수의 피밖에 없네
사죄하는 증거도 예수의 피밖에 없네
평안함과 소망은 예수의 피밖에 없네
나의 의는 이것뿐 예수의 피밖에 없네
예수의 흘린 피 날 희게 하오니
귀하고 귀하다 예수의 피밖에 없네
- 찬송가 252장(통 184장) -

이 몸의 소망 무언가 우리 주 예수뿐일세
우리 주 예수밖에는 믿을 이 아주 없도다
굳건한 반석이시니 그 위에 내가 서리라 그 위에 내가 서리라
- 찬송가 488장(통 539장) -

하나님은 성막 번제단에서만 희생제물을 드려야 한다고 명령하셨다. 제물을 잡아 번제단에서 드리는 희생제사를 통해서 하나님과 화목하는 데는 절대적으로 피가 필요하다는 사실을 이스라엘 백성들의 마음과 정신 속에 가르치셨다. 또한 모든 생물의 피를 신성하게 구별하도록 그들에게 명령하셨다.

성막의 가장 두드러진 특징은 의심의 여지없이 '피 흘림'이 가장 중요한 위치를 차지하고 있다는 것이다. 우리는 그 사실을 어디에서나 발견할 수 있다. 번제단과 기구에서, 그리고 속죄소 위에서도 찾아볼 수 있다. 사실상 성막의 기초는 바로 피의 속전으로 드려진 터 위에 세워졌다. 그리고 성막의 휘장에 두드러지게 나타나고 있는 진홍색은 피의 필수성을 말해준다. 성막에서 이루어진 모든 일은 시종일관 희생으로 드려지는 동물의 피를 가지고 수행되었고, 그 피를 통해 성막의 나머지 모든 예배 의식과 섬기는 일들이 거룩하게 되었다. 그러므로 성막을 피의 집이라고 부르는 것은 타당하다. 히브리서 9장에서는 이에 대해 다음과 같이 말씀한다.

"이러므로 첫 언약도 피 없이 세운 것이 아니니 모세가 율법대로 모든 계명을 온 백성에게 말한 후에 송아지와 염소의 피 및 물과 붉은 양털과 우슬초를 취하여 그 두루마리와 온 백성에게 뿌리며 이르되 이는 하나님이 너희에게 명하신 언약의 피라 하고 또한 이와 같이 피를 장막과 섬기는 일에 쓰는 모든 그릇에 뿌렸느니라. 율법을 따라 거의 모든 물건이 피로써 정결하게 되나니 피 흘림이 없은즉 사함이 없느니라."(히 9:18-22)

그러나 짐승의 피 흘림은 죄를 완전히 도말할 수 없었다. 그것은 '속량'의 의미를 지니고 있지만, 단순히 죄를 '덮는 것'에 지나지 않는다. 절대로 인간과 하나님을 온전히 화목하게 할 수 없다. 동물의 피는 단지 죄를 덮을 수 있지만, 그리스도의 피 흘림은 속죄뿐만 아니라 '화목제물'이 되어서 하나님과 인간을 화목하게 한다.

하나님은 거룩하시다. 그러기에 하나님과 화목하기 위해서는 먼저 죄가 해결되어야만 한다. 죄는 하나님과 하나님의 형상으로 창조된 인간을 완전히 분리시킨다. 그러므로 속죄를 위한 값으로 피가 요구되고 이 피로 이뤄진 구속으로 말미암아 하나님과 인간 사이에 평화가 회복된다.

이처럼 예수 그리스도는 하나님과 우리가 원수 된 것을 폐하시고 화목하게 하시기 위해 오셨다. 레위기 7장의 화목제는 이것을 영적으로 잘 표현해 주고 있다. 주님이 십자가에 죽으심으로 하나님과 인간은 화목하게 되었다. 놀라운 사건이다. 그래서 사도 바울은 십자가에 달리신 예수 그리스도만 자랑했다.

"이에 성소 휘장이 위로부터 아래까지 찢어져 둘이 되고 땅이

진동하며 바위가 터지고 무덤들이 열리며 자던 성도의 몸이 많이 일어나되."(마 27:51-52)

"그는 우리의 화평이신지라. 둘로 하나를 만드사 원수 된 것 곧 중간에 막힌 담을 자기 육체로 허시고 법조문으로 된 계명의 율법을 폐하셨으니 이는 이 둘로 자기 안에서 한 새 사람을 지어 화평하게 하시고 또 십자가로 이 둘을 한 몸으로 하나님과 화목하게 하려 하심이라. 원수 된 것을 십자가로 소멸하시고 또 오셔서 먼 데 있는 너희에게 평안을 전하시고 가까운 데 있는 자들에게 평안을 전하셨으니 이는 그로 말미암아 우리 둘이 한 성령 안에서 아버지께 나아감을 얻게 하려 하심이라."(엡 2:14-18)

"그리스도 예수 안에 있는 속량으로 말미암아 하나님의 은혜로 값없이 의롭다 하심을 얻은 자 되었느니라. 이 예수를 하나님이 그의 피로써 믿음으로 말미암은 화목제물로 세우셨으니 이는 하나님께서 길이 참으시는 중에 전에 지은 죄를 간과하심으로 자기의 의로우심을 나타내려 하심이니."(롬 3:24-25)

그리스도의 모든 사역, 무엇보다도 화목하게 하시는 사역의 목표는 죄를 제거하고 멸하는 것이다. 죄가 제거되어야만 하나님과의 화목이 이루어지기 때문이다. 그런데 죄가 온전히 제거되려면 그 죗값에 대한 완전한 지불이 있어야 한다. 그럴 때만이 온전한 화목이 가능하다. 화목이라고 번역된 단어는 '덮는다'(to cover)

는 의미이다. 화목은 덮어주는 것이다. 다른 무엇이 죄와 허물을 덮음으로 하나님이 더 이상 죄를 보지 않으시도록 하는 것을 뜻한다.

그렇다면 과연 그 무엇이 하나님 앞에서 인간의 죄를 덮을 수 있을까? 하나님은 완전하시고 거룩한 분이다. 화목은 반드시 하나님의 거룩한 법의 요구를 만족시켜야 가능하다. 죄에 대한 화목은 오직 만족을 통해서만 이루어질 수 있다. 그러면 무엇이 하나님의 완전한 의로우심을 만족시킬 수 있겠는가? 바로 예수 그리스도께서 죽는 것밖에 없다. 그래서 십자가에서 그것을 성취하셨다. 완전한 순종으로 말미암아 예수님은 스스로 율법 아래 들어가시고, 그 율법을 이루셨다. 또한 자신의 의지를 완전히 아버지께 굴복시킴으로 율법이 죄에 대하여 선언한 저주를 몸소 다 지시고 받으셨다.

예수님은 온전한 순종으로 그 형벌을 받으심으로 율법이 요구하는 모든 것을 갚으셨다. 율법이, 하나님의 공의가 그리스도에게서 완전히 만족을 얻은 것이다. 그러므로 예수님의 피로 말미암는 화목이 인간의 죄를 이미 덮었기에 하나님은 예수 그리스도의 대속을 받으심으로 그들의 죄를 보지 않으시는 것이다. 주님의 피 흘림을 통한 죄 사함은 완전하기에 더 이상 죄를 묻지 않는다. 즉 그리스도가 이룬 화목이 완전하고도 영원한 구속을 이루었기 때문이다.

> "곧 하나님께서 그리스도 안에 계시사 세상을 자기와 화목하게 하시며 그들의 죄를 그들에게 돌리지 아니하시고 화목하게 하는 말씀을 우리에게 부탁하셨느니라."(고후 5:19)

· 죄 용서는 화목의 결과

하나님은 모든 죄와 죄에 대한 책임에서 우리를 완전히 사면하셨다. 이제는 죄가 완전히 사해졌기에 우리가 하나님과 화목하게 된다. 하나님의 은총으로 죄를 사함 받은 것을 받아들이는 자마다 하나님과 화목을 이룰 수 있다. 성경은 예수 그리스도께서 이루신 죄 용서의 완전함을 여러 번 강조한다. 그리고 사람들로 하여금 죄와 심판에 대한 두려움에서 벗어나 그리스도의 피로 말미암아 자신의 죄가 사함 받았다는 사실을 확신하게 한다.

> "내가 네 허물을 빽빽한 구름 같이, 네 죄를 안개 같이 없이하였으니 너는 내게로 돌아오라. 내가 너를 구속하였음이니라."(사 44:22)

"보옵소서 내게 큰 고통을 더하신 것은 내게 평안을 주려 하심이라. 주께서 내 영혼을 사랑하사 멸망의 구덩이에서 건지셨고 내 모든 죄를 주의 등 뒤에 던지셨나이다."(사 38:17)

"다시 우리를 불쌍히 여기시서 우리의 죄악을 발로 밟으시고 우리의 모든 죄를 깊은 바다에 던지시리이다."(미 7:19)

"여호와의 말씀이니라 그 날 그 때에는 이스라엘의 죄악을 찾을지라도 없겠고 유다의 죄를 찾을지라도 찾아내지 못하리니 이는 내가 남긴 자를 용서할 것임이라."(렘 50:20)

"동이 서에서 먼 것 같이 우리의 죄과를 우리에게서 멀리 옮기셨으며."(시 103:12)

"내가 그들의 불의를 긍휼히 여기고 그들의 죄를 다시 기억하지 아니하리라 하셨느니라."(히 8:12)

"또 그들의 죄와 그들의 불법을 내가 다시 기억하지 아니하리라 하셨으니."(히 10:17)

이제 예수 그리스도를 믿는 자는 죄 사함을 받고 의롭다는 칭의를 받은 자이다. 예수 그리스도께서 하나님과 인간 사이에 이루신 화목은 완전하다. 그리스도의 보혈로 죄는 덮어지고, 그 죄의 삯은 도말되었다. 그래서 하나님은 그리스도를 믿는 자를 전적으로 의로운 자로 칭하시고 그렇게 대하시는 것이다. 이러한 축복을 누리기 위해서는 예수 그리스도의 구속의 피를 믿는 믿음 이외에는 아무것도 필요하지 않다.

05. 그리스도의 피를 통하여 받은 속량

하나님은 참으로 거룩하시고 죄를 미워하신다는 사실을 알기 전에는 아무도 하나님께서 그리스도를 통해 이루신 속량을 이해할 수 없고, 구원을 받을 수도 없다. 하나님은 무엇보다도 완전히 의롭고, 공의로우시며, 거룩한 분이다. 그래서 하나님은 무한한 긍휼하심과 사랑과 은혜를 가지고 계시지만, 죄와 악을 묵과하시거나 용납하지 않으신다. 이것이 인간의 죄와 하나님의 구원 계획을 이해하는 출발이다. 사도 바울은 로마서 3장 23절에 다음과 같이 말하고 있다.

"모든 사람이 죄를 범하였으매 하나님의 영광에 이르지 못하더니."(롬 3:23)

모든 사람은 죄인이란 사실을 깨닫게 되면, 자신의 죄를 그대로 가지고는 거룩하시고 공의로우신 하나님께로 나아가지 못한다. 인간은 자신이 가진 의와 도덕과 착함으로 본질적인 죄의 문제를 해결할 수 없다. 하나님만이 그들의 죄를 속량하시고 구원하실 수 있다. 그래서 하나님이 인간을 위해 마련하신 구원 계획과 방법은 예수 그리스도의 성육신과 십자가의 대속의 죽음과 부활인 것이다. 우리는 흔히 갈보리 십자가는 죄인을 위한 하나님의 사랑이라 생각한다. 그러나 그 배후에는 또 다른 놀라운 사실이 존재하고 있다. 그것은 갈보리의 십자가가 하나님이 죄를 얼마나 미워하시는지를 보여주고 있다는 것이다.

성막과 그 안에서 행해진 모든 일은 피를 흘리는 것과 관련되어 있고, 그것은 장차 오실 주 예수 그리스도께서 그분 자신의 피로써 하나님과 인간의 관계를 온전히 화목하게 하실 것을 예표한다. 그래서 로마서 5장에서 사도 바울은 다음과 같이 말한다.

"우리가 아직 죄인 되었을 때에 그리스도께서 우리를 위하여 죽으심으로 하나님께서 우리에 대한 자기의 사랑을 확증하셨느니라. 그러면 이제 우리가 그의 피로 말미암아 의롭다 하심을 받았으니 더욱 그로 말미암아 진노하심에서 구원을 받을 것이니 곧 우리가 원수 되었을 때에 그의 아들의 죽으심으로 말미암아 하나님과 화목하게 되었은즉 화목하게 된 자로서는 더욱 그의 살아나심으로 말미암아 구원을 받을 것이니라. 그뿐 아니라 이제 우리로 화목하게 하신 우리 주 예수 그리스도로 말미암아 하나님 안에서 또한 즐거워하느니라."(롬 5:8-11)

영적인 의미로 볼 때 성막에 숫양의 가죽은 죄인을 위하여 대속자의 역할을 하신 예수 그리스도의 기능과 역할을 지시해 주고 있다. 특히 성막에 언급되고 있는 대로 붉은색은 필연적으로 주 예수 그리스도의 보혈과 죄에 대하여 이루신 속죄를 말해준다. 구약에는 이같이 대속을 위한 짐승의 죽음이 거듭해서 나타나고 있는데, 그 처음은 창세기 3장 21절에 언급되어 있다. 아담과 하와는 하나님이 금지하신 실과를 따 먹음으로 죄를 범하였고, 죄는 그들을 수치심과 두려움으로 몰아넣어 하나님의 낯을 피하게 했다. 그러나 하나님은 동물의 가죽을 벗겨서 처음 인간인 아담과 하와를 위해 옷을 만들어 주셨다. 아담과 하와는 죄로 인해 죽을 수밖에 없었지만, 하나님은 가죽옷으로 그들의 수치를 덮으셨다.

하나님이 죄인인 아담과 하와에게 입히신 가죽옷은 동물의 죽음을 통해 얻은 것이다. 그 동물은 그들의 죄를 위해 대신 죽은 대속물이다. 대속물은 반드시 피 흘려 죽어야 했고, 그 가죽은 죄인을 덮어주는 역할을 했다. 또한 하나님은 가인의 제사가 아니라 아벨의 제사를 받으셨다. 그것은 양을 잡아 드린 그의 제사에서 숫양의 피가 그의 죄를 위한 속죄를 이루었기 때문이다. 죽음과 피 흘림이 없는 곳에는 절대로 대속이 있을 수가 없다. 창세기 22장에서 우리는 이 진리에 대한 또 다른 예증을 보게 된다.

"아브라함이 눈을 들어 살펴본즉 한 숫양이 뒤에 있는데 뿔이 수풀에 걸려 있는지라. 아브라함이 가서 그 숫양을 가져다가 아들

을 대신하여 번제로 드렸더라."(창 22:13)

　하나님은 늘 환경에 따라 믿음이 흔들리는 아브라함의 모습을 보고 그의 온전한 믿음을 테스트하기 위해 아브라함에게 아들 이삭을 제물로 드리라고 요구하셨다. 그것은 이삭의 죽음을 의미한다. 그런데 아브라함의 손이 이삭을 내리치려는 그 순간 갑자기 숫양이 나타났다. 그 양으로 말미암아 이삭은 죽지 않고 생명을 구하게 되었다. 본문에 나오는 양은 곧 대속을 위해 장차 오실 예수 그리스도에 대한 그림자라고 말할 수 있다. 그래서 예수님은 자기의 피로 죄인을 덮으려고 오신 것이다. 주 예수 그리스도는 허물 많은 죄인을 위한 대속자가 되시려고 이 세상에 오셨다. 정죄 된 모든 사람이 반드시 처하게 될 심판과 죽음의 자리를 대신하여 담당하시려고 이 세상에 오신 것이다.

　다시 언급하지만 광야에 세워진 성막에서 아침부터 저녁까지 행해지는 모든 일은 피를 흘리는 것과 연관되어 있다. 또한 피 흘림은 이스라엘 민족이 드리는 모든 제사에 적용되고 있다. 그것은 하나님이 피 흘림이 없으면 절대로 죄에서 구속될 수 없다는 원리를 세우셨기 때문이다. 성경에 의하면 생명은 피에 있다. 그리고 생명이 피에 있기 때문에 죄를 치르는 대가도, 다시 생명이 회복되는 방법도 피 흘림으로만 될 수 있다. 그러나 속죄를 위한 피는 반드시 흠과 죄가 없이 완전해야 하고, 썩지 아니할 것이어야 한다. 그러기에 인간의 피는 거기에 합당하지 않다. 하나님이 받으실 만한 유일한 피는 전혀 죄가 없으신 하나님의 아들, 예수 그리스도의 피인 것이다. 하나님은 그의 보혈만을 죄를 위한 속죄의 제물로 또한 새로운 생명을 위한 화목의 제물로 받으실 것이다.

"그리스도께서는 장래 좋은 일의 대제사장으로 오사 손으로 짓지 아니한 것 곧 이 창조에 속하지 아니한 더 크고 온전한 장막으로 말미암아 염소와 송아지의 피로 하지 아니하고 오직 자기의 피로 영원한 속죄를 이루사 단번에 성소에 들어가셨느니라. 염소와 황소의 피와 및 암송아지의 재를 부정한 자에게 뿌려 그 육체를 정결하게 하여 거룩하게 하거든 하물며 영원하신 성령으로 말미암아 흠 없는 자기를 하나님께 드린 그리스도의 피가 어찌 너희 양심을 죽은 행실에서 깨끗하게 하고 살아 계신 하나님을 섬기게 하지 못하겠느냐."(히 9:11-14)

"우리는 그리스도 안에서 그의 은혜의 풍성함을 따라 그의 피로 말미암아 속량 곧 죄 사함을 받았느니라."(엡 1:7)

모든 영적인 축복들은 복 주시는 근원으로부터 흘러나오는데, 이는 예수 그리스도 한 분에게서 나온다. 여기서 '우리'는 누구를 말하는가? 하나님의 자녀들 또는 하나님의 택함 받은 자들이 아닌가.

"그러므로 사랑을 받는 자녀같이 너희는 하나님을 본받는 자가 되고 그리스도께서 너희를 사랑하신 것같이 너희도 사랑 가운데서 행하라. 그는 우리를 위하여 자신을 버리사 향기로운 제물과 희생제물로 하나님께 드리셨느니라."(엡 5:1-2)

우리가 구속함을 얻게 된 것은 무엇 때문인가? 우리의 재능과 가치 때문이 아니다. 우리를 향한 주님의 전적인 사랑 때문인 것이다.

"이는 그가 사랑하시는 자 안에서 우리에게 거저 주시는 바 그의 은혜의 영광을 찬송하게 하려는 것이라. 우리는 그리스도 안에서 그의 은혜의 풍성함을 따라 그의 피로 말미암아 속량 곧 죄 사함을 받았느니라."(엡 1:6-7)

그렇다면 구속은 무엇인가? 그 단어는 '되산다'라는 의미다. 히브리서 12장에는 우리가 '새 언약의 중보이신 예수와 그가 뿌린 피'에 도달한다는 말씀이 있다. 영원한 속량은 예수님의 피를 통해서 성취되었다. 그 외에 다른 방법은 없다. 우리는 모두 잃어버린 자요, 영원히 사라져 버릴 자들이었다. 그러나 예수님은 잃어버린 자들을 구원하고 속량하기 위해 오셨고, 그 속전을 지불하려고 오셨다. "때가 차매 하나님이 그 아들을 보내사 여자에게서 나게 하시고 율법 아래에 나게 하신 것은 율법 아래에 있는 자들을 속량하시고 우리로 아들의 명분을 얻게 하려 하심이라."(갈 4:4-5) 따라서 주님은 우리의 유일한 구속자이시다.

"여호와의 말씀이니라. 구속자가 시온에 임하며 야곱의 자손 가운데에서 죄과를 떠나는 자에게 임하리라."(사 59:20)

예수님은 우리가 범했던 율법을 성취하심으로 우리를 구속하셨다. 예수 그리스도는 하나님의 법에 순종하심으로 하나님의 공의를 충족시키셨다.

"너희가 알거니와 너희 조상이 물려 준 헛된 행실에서 대속함을 받은 것은 은이나 금 같이 없어질 것으로 된 것이 아니요 오직 흠 없고 점 없는 어린 양 같은 그리스도의 보배로운 피로 된 것이니라."(벧전 1:18-19)

신약에서는 구속을 세 단어로 설명하고 있다. 첫 번째는 Agorazo(ἀγοράζω, to buy, to purchase, to acquire ownership by payment of a price)로 그 의미는 '광장, 혹은 시장에서 사다'이다. 두 번째는 Exagorazo(ἐξαγοράζω, to buy up, ransom, to rescue from loss)인데 '시장에서 사고 자유롭게 해주다'는 뜻이다. 세 번째로는 '값을 치르고 자유롭게 해주다'라는 뜻의 Lutroo(λυτρόω, to release by paying a ransom, to redeem)가 있다. 우리는 죄의 권세 아래서 노예처럼 시장에서 경매되었으나, 예수님은 자신의 피로 우리를 사셨고, 영원히 자유롭게 하셨다. 주님이 값을 치르셨고 자유롭게 하셨기에 우리는 주님에게 예속된 종들이다. 그래서 주님은 우리에게 명령하시고 사랑과 순종을 요구하실 권리를 가지신다.

베드로전서 1장 18-19절에서 사도 베드로는 유대인들을 구원하고자 말씀하고 있다. 그들은 율법 아래 종으로 팔린 사람들이었다. 그들은 "어떻게 죄로부터 구속될 수 있는가?"라는 물음을 가지고 있었지만, 그 답은 알지 못했다. 사도 베드로는 그들에게 "은과 금과 같이 부패하는 것이 아니라 예수 그리스도의 보배로운 피로 된다."고 알려준다. 구원은 오직 예수 그리스도의 피로 된다. 구원은 자신이 가진 것으로 대가를 치르고 얻은 것이 결코 아니다. 그렇다고 하여 구원이 값싸게 저절로 이루어진 것은 더더욱 아니다. 오히려 세상의 어떤 것도 비할 수 없는 위대한 값을 치르고 성취된다. 왜냐하면 그 값은 하나님의 아들 예수 그리스도, 그분의 생명과 피이기 때문이다.

"너희 몸은 너희가 하나님께로부터 받은 바 너희 가운데 계신 성령의 전인 줄을 알지 못하느냐 너희는 너희 자신의 것이 아니라 값으로 산 것이 되었으니 그런즉 너희 몸으로 하나님께 영광을 돌리라."(고전 6:19-20) 또한 우리의 구속은 예수님의 피와 강권에 의한 것이다. "율법에 따라 거의 모든 물건이 피로써 정결하게 되나니 피 흘림이 없은즉 사함이 없느니라."(히 9:22) "여호와의 속량을 받은 자들은 이같이 말할지어다. 여호와께서 대적의 손에서 그들을 속량하사."(시 107:2)

구속함에는 사랑에 의한 강권이 있다. 무엇이 우리를 이 세상에서 불러 주 예수님에게로 이르게 했는가? 그것은 하나님의 사랑의 능력이다. 당신은 죄 사함에 의한 구속을 알고 있는가? 죄 사함 받은 구원에 대해 정말 알고 있는가? 예수님의 구속하심에 대한 구체적인 말씀을 성경적으로 뚜렷하게 제시하지는 못하지만, 자신의 죄가 사해졌음을 믿는 사람들이 많이 있다. 만일 당신이 예수님에 대한 진정한 사랑이 있다면 당신의 죄는 사해졌다. 성경은 "그의 많은 죄가 사하여졌다. 왜냐하면 그가 많이 사랑하였기 때문이다."라고 분명히 말씀하고 있으니까(눅 7:47).

오직 예수님의 피에 의해서만 죄 사함이 있다. 예수님의 피만이 모든 죄로부터 깨끗하게 한다. 그리고 하나님과 그 영혼을 화목시킨다. 죄에 대한 주님의 용서하심을 소중히 간직하라. 만일 당신이 이것을 가지고 있다면, 당신은 죄의 삯인 죽음을 두려워할 필요가 없다.

"사망아 너의 승리가 어디 있느냐. 사망아 네가 쏘는 것이 어디 있느냐. 사망이 쏘는 것은 죄요 죄의 권능은 율법이라. 우리 주 예수 그리스도로 말미암아 우리에게 승리를 주시는 하나님께 감사하노니 그러므로 내 사랑하는 형제들아 견실하며 흔들리지 말고 항상 주의 일에 더욱 힘쓰는 자들이 되라. 이는 너희 수고가 주 안에서 헛되지 않은 줄 앎이라."(고전 15:55-58)

06. 생명의 피 흘림과 속량

"피를 볼 때에 너희를 넘어가리라."(출 12:13)

· 유월절(the Passover)의 규례

출애굽기 12장에는 유월절에 관한 이야기가 나온다. 이 이야기는 영적으로 '우리가 어떻게 죄와 사탄의 굴레에서 벗어날 수 있는  가', '어떻게 우리가 예수 그리스도의 보혈로 말미암아 구원을 받는가'를 잘 보여주고 있다.

출애굽기 12장 1-14절까지를 읽어보면 우리는 이스라엘 백성들을 애굽에서 건져내시려는 하나님의 구원 계획을 발견할 수 있다. 하나님은 이스라엘 백성들을 애굽에서 해방하기 위해서 그 땅에 저주와 심판을 내리려고 작정하셨다. 그래서 사람이나 짐승을 막론하고 애굽 땅에 있는 모든 처음 난 것들을 멸하시기로 하셨다.

그러나 하나님은 당신의 백성인 이스라엘에게는 이 저주와 심판으로부터 구원받는 길을 열어주셨다. 그리고 그것은 바로 사탄의 권세 아래서 종살이하면서 죄악 된 삶을 살던 우리가 어떻게 예수 그리스도로 말미암아 구원받는지를 예시해 보여주고 있다.

하나님은 애굽 땅에 내려질 저주와 심판으로부터 이스라엘 백성들을 구원하시기 위해 여러 가지 규례를 명하셨다. 첫 번째로 양을 잡으라고 말씀하셨다. 양은 반드시 흠이 없는 일 년 된 숫양이어야 했다. 두 번째로 하나님은 양을 먹으라고 말씀하셨다. 그리고 먹는 방법에 관하여 말씀하셨는데, 허리에 띠를 띠고 발에 신을 신고 손에 지팡이를 잡고 급히 먹으라고 하셨다. 그리고 마지막으로는 양의 피를 우슬초에 찍어 양고기를 먹는 집 좌우 문설주와 인방에 바르라고 하셨다. 이것이 유월절의 규례인데, 이스라엘 백성들은 하나님의 말씀에 따라서 이 모든 규례를 준행하였다.

가장 중요한 것은 출애굽기 12장 13절에 기록되어 있는데, 하나님은 "내가 애굽 땅을 칠 때에 그 피가 너희의 거하는 집에 있어서 너희를 위하여 표적이 될지라. 내가 피를 볼 때에 너희를 넘어가리니, 재앙이 너희에게 내려 멸하지 아니하리라."고 말씀하셨다. 그날 밤 애굽 땅에 재앙을 내리려고 다닐 때, 천사는 다른 것을 보지 않고 다만 문설주에 바른 피만 본다는 것이다. 천사가 그 피를 보면 거기에는 재앙을 내리지 않고 지나갔다. 그래서 '유월절(the Passover)'이라는 말 속에는 '유월'(逾越), 곧 '지나간다', '넘어간다'(pass over)라는 의미가 있는 것이다. "다른 모든 집에는 천사가 들어와서 그 집의 장자를 다 죽이지만, 문 좌우 문설주와 인방에 피가 발라진 집에는 재앙을 내리지 아니하고 그냥 지나가겠다."라는 것이 유월절에 담긴 약속이다.

그날 밤 천사는 이 집 사람들이 '일 년 된 양을 잡았는지 이 년 된 양을 잡았는지'를 조사하지 않는다. '수컷을 잡았는지 암컷을 잡았는지' 아니면 '해질 때 잡았는지 아침에 잡았는지'를 보지 않는다. 또한 천사는 문틈으로 양고기를 먹는 모습을 들여다보면서 '불에 구워 먹는지 물에 삶아 먹는지', '무교병과 쓴 나물을 아울러 먹는지, 그냥 먹는지'를 주목하지 아니하였고, '그들이 허리에 띠를 띠었는가', '발에 신을 신었는가', '손에 지팡이를 잡고 있는가' 따위를 확인하지 않았다. 그것들은 하나님의 심판을 지나가게 하는 결정적인 기준이 아니었기 때문이다.

"내가 그 밤에 애굽 땅에 두루 다니며 사람이나 짐승을 막론하고 애굽 땅에 있는 모든 처음 난 것을 다 치고 애굽의 모든 신을 내가 심판하리라. 나는 여호와라. 내가 애굽 땅을 칠 때에 그 피가 너희가 사는 집에 있어서 너희를 위하여 표적이 될지라. 내가 피를 볼 때에 너희를 넘어가리니 재앙이 너희에게 내려 멸하지 아니하리라."(출 12:12-13)

천사는 다만 피가 문설주와 좌우 인방에 있는지 없는지를 보고, 하나님의 심판을 내릴 사람과 지나가게 할 사람을 구분했다.

성경 66권에는 굉장히 많은 규례가 있고, 우리가 지켜야 할 부분들이 참으로 많다. 그렇게 많은 규례 때문에 신앙생활을 중도에 그만두는 사람들도 많이 있다. 그런데 사람들이 믿음 생활을 시작했다가 다시 불신앙으로 떨어지는 것은 그들이 근본적으로 하나님의 마음을 잘 모르기 때문이다. 또한 신앙생활을 시작했지만 토라(תורה)를 따라 살아가는 삶의 훈련이 되어 있지 못했기 때문이다. 그러다보니 적당히 사람들의 눈치를 보고 믿음을 흉내만 내다가 아예 그것도 포기하고 만다. 그러나 말씀을 따라 사는 것은 신자에게 부담을 지워주려는 것이 아니라 복의 통로이다. 말씀을 따라 사는 삶 가운데 죄를 이기고, 형통한 삶의 길을 걷게 되면 엄청난 복을 받게 되는 것이다. 이것이 토라 즉, 언약의 규정이나 법들을 주신 이유이다.

하나님은 왜 이스라엘 백성들에게 여러 규례를 명하셨을까? 그것은 하나님이 저주와 심판으로부터 이스라엘 백성들을 구원하려 하셨기 때문이다. 그런데 하나님은 '이스라엘 백성들이니까 살리고, 애굽 사람이니까 죽인다.'는 식으로 구원과 저주를 나누지 않으셨다. "내가 피를 볼 때에 내가 너희를 넘어가리라."는 약속에서 볼 수 있듯이 언약의 '피'에 역점을 두고 구분하셨다. 그래서 이스라엘 백성이든 애굽 백성이든 간에 그 집 문설주에 어린 양의 피가 칠해져 있으면, 그 집은 절대로 심판하지 않겠다고 약속하신 것이다. 이와 반대로 다른 모든 것이 갖추어져 있다고 할지라도 피가 문설주와 인방에 발려져 있지 않다면, 그 집은 애굽 사람이든 이스라엘 사람들이든, 잘난 사람이든 못난 사람이든, 착한 사람이든 악한 사람이든 구분하지 아니하고, 심판에 처할 수밖에 없다.

'구원을 받느냐, 멸망을 받느냐?' 하는 것은 '피'에 달려 있다는 것이다. 먹다가 보니까 내장은 싫어서 버렸든지, 불에 구워 먹다가 배가 불러 다 먹지 못하고 남겼다든지, 그것도 싫어 아예 먹지 않았다 할지라도, 문설주에 피만 칠해져 있으면 그 집은 구원을 받는다. 반대로 흠 없는 일 년 된 숫양을 골라내어 정확히 해질 때 잡았고, 불에 구워 머리와 정강이를 다 먹었고, 허리에 띠를 띠고, 손에 지팡이를 잡고, 발에 신을 신고, 그 모든 규례대로 먹었다 할지라도, 그 집 좌우 인방과 문설주에 피가 없다면 멸망 받을 수밖에 없다.

우리 가운데 십계명을 다 지킬 수 있는 사람은 아무도 없다. 구약 성경에는 십계명뿐만 아니라 수없이 많은 율법과 규례가 기록되어 있다. 그 모든 율법과 규례를 완전하게 지킬 수 있는 사람은 단 한 사람도 없다. 만일 우리가 그 모든 율법을 다 지키지 못한다면 하나님께 저주를 받고 지옥에 가야 하는가? 성경은 그렇게 말하고 있지 않다. 물론 율법을 지키지 못한 사람은 저주를 받고 멸망을 받아야 하는 위치에 있는 것은 사실이다.

그러나 하나님께서는 우리가 그 저주와 멸망에서 구원을 얻을 수 있도록 '피의 언약'을 세우셨다. '우리가 얼마나 하나님의 말씀을 따라 주일을 지키고, 십일조를 내고, 하나님 앞에 봉사하고, 철야 기도를 하고, 금식하고, 십계명을 매일매일 지켰는지'를 멸망과 구원의 기준으로 하나님은 보지 않겠다는 것이다. 하나님은 다만 어린 양의 피가 문설주와 인방에 피만 발라져 있으면 그 사람이 어떠하든지를 불문하고 저주와 재앙이 지나가게 하겠다고 약속하셨다.

그러므로 구원을 얻는 것은 우리가 얼마나 신앙생활을 잘하는지에 달려 있지 않다. 얼마나 율법을 잘 지키느냐, 얼마나 양심적으로 살았는가에도 달려 있지 않다. 다만 하나님은 우리의 마음에 어린 양의 피가 있느냐 없느냐를 보신다. 그 '피'로 규례를 어긴 것, 추하고 더러운 것, 불순종한 것과 모든 허물이 가려지는 것이다. 유월절의 사건을 보면, 어린 양의 피가 발려 있는 집에는 천사가 들어가지 않는다. 이는 그 집 안에 있는 사람들의 죄악과 더럽고 추한 모든 것을 찾아내고, 그 경중을 달지 않는다는 것을 반증한다.

· 예수의 피를 힘입어 성소에 들어갈 담력

이것은 바로 우리에게 구원의 길을 이야기해 주고 있다. 우리가 얼마나 율법을 잘 지켰느냐, 얼마나 기도를 잘했느냐에 따라서 하나님이 우리를 구원하시는 것은 결코 아니라는 것이다. 하나님은 우리 마음에 어린 양 예수 그리스도의 보혈이 있는가를 보신다. 하나님은 우리를 들여다보실 때, 우리가 행한 선과 악을 저울질하지 않으신다. 사실 이것은 그 결과가 이미 명백하기에 무의미하다. 인간 자신에게는 선한 것이 없기 때문이다. 다만 하나님은 우리에게서 어린 양의 피, 우리의 죄를 위하여 십자가에 못 박혀 죽으신 예수 그리스도의 보혈을 보신다.

우리는 죄인이지만, 예수 그리스도께서 우리를 대속하셨기에 그의 보혈로 하나님 앞에 나아가는 담대함을 얻은 사람들, 예수 그리스도를 '죄인의 구주'로 믿는 사람들에게는 어린 양의 피, 예수 그리스도의 보혈이 뿌려져 있는 것이다. 히브리서에는 "그러므로 형제들아, 우리가 예수의 피를 힘입어 성소에 들어갈 담력을 얻었나니."(히 10:19)라고 기록되어 있다. 우리 자신의 죄악이나 허물을 본다면 어떻게 우리가 감히 하나님 앞에 담대히 나아갈 수가 있을까? 예수 그리스도의 보혈은 하나님 앞에서 우리의 모든 것을 덮고, 그가 이루신 대속을 보여준다. 그러기에 우리 자신의 선한 행위가 아니라 예수님의 피가 하나님 앞에 나아가는 우리의 마음을 담대하게 한다.

많은 사람은 도덕적 관념으로 하나님의 심판을 생각하기도 한다. 그래서 심판을 인간의 선과 악의 행위와 연결한다. 그러나 하나님의 심판은 예수 그리스도의 대속하심과 이를 전적으로 인정하는 믿음과 연결되어 있다. 설혹 애굽 사람이라 할지라도 또는 악한 사람이라 할지라도 문설주에 피가 칠해진 집에 거하는 사람은 저주와 재앙으로부터 구원받았다. 사람들이 하나님께서 말씀하신 대로 피를 칠한 것은 그들의 착한 행위가 아니라 하나님의 구원 약속을 믿었기 때문이다. 하나님의 심판을 피할 수 있는 길은 어린 양 되신 예수 그리스도의 피를 마음에 뿌리는 것이다. 그리스도의 속죄의 피만이 우리를 죄와 죽음에서 구원할 수 있다는 사실을 확실히 믿어야 한다. 그러므로 구원받기 위해선 피가 우리의 모든 죄를 씻었다는 사실을 믿는 믿음 외에 다른 방법은 없다.

그러기에 예수 그리스도를 자신의 구원자로 믿는 사람은 하나님 아버지 앞에 나아갈 때 자기의 행위를 전혀 내세우지 않는다. 우리를 위하여 죽으신 어린 양의 피, 예수 그리스도의 보혈만을 의지할 뿐이다. 자기의 행위를 주장하는 사람은 자신의 착함을 믿고 의지하는 사람이지 그리스도의 보혈을 믿는 사람은 아닌 것이다. '믿는다'라는 것은 모든 것을 확인해 보고 또는 이미 일어난 것을 받아들이고 이해하는 것이 아니다. 아직 명백하게 드러나고 일어나지 않았지만, 그것을 하나님이 약속으로 말씀하셨기에 사실로 받아들이는 것이다. 여기에는 인간의 이론이나 경험 또는 다른 어떤 것도 증거가 되어 믿음을 줄 수 없다는 것이다.

믿음의 증거는 말씀하시고 약속하신 분, 하나님에게 달려 있다.

하나님은 식언치 아니하시고 거짓이 없으시며 진실하신 분이기 때문이다. 또한 하나님은 약속하신 것을 이루실 수 있는 전능하신 분이기 때문이다. 말씀으로 약속하신 하나님 외에 다른 어떤 것도 믿음의 증거가 될 수 없다. 십자가의 보혈이 우리의 모든 죄를 사했다고 하신 하나님 약속의 말씀 외에 다른 어떤 것으로도 믿음을 확인할 수 없다. 만일 이스라엘 백성들이 '양의 피를 칠하는 게 옳은 것인가', '내가 그 말을 믿는 것이 옳은 일인가'를 지식이나 경험 혹은 다른 것으로 검증하려 하고, "내가 피를 볼 때에 너희를 넘어가리라."는 하나님의 약속을 믿지 않았다면, 그들은 그날 밤 멸망을 피할 수 없었을 것이다.

우리는 하나님 앞에서 확신을 얻기 위해서 어떤 표적이나 다른 무엇을 구해서도 안 된다. 우리가 죄 사함을 받고 영생을 얻은 증거는 뜨거운 감정이나 눈물이 아니라 하나님의 말씀이다. 하나님의 말씀을 믿는 사람은 하나님을 믿는 사람이고, 하나님의 말씀 외에 다른 어떤 표적을 찾는 사람은 하나님을 믿지 않는 사람이다. 그러나 오늘날 얼마나 많은 사람이 하나님의 말씀을 믿지 못하여 다른 표적들을 찾아 헤매고 있는가? 우리는 그저 단순하게 어린 양 되신 예수 그리스도의 보혈이 우리의 모든 죄를 사한 사실을 믿고, 그 보혈로 말미암아 하나님의 심판이 끝났다는 말씀을 믿어야 한다.

죽임을 당해야 할 이스라엘의 장자 대신에 어린 양이 죽어서 그 피가 문설주에 칠해졌기 때문에 죽음의 저주는 그 집을 넘어갔다. 또 우리가 받아야 할 저주를 예수님이 이미 담당하셨기 때문에 이제 저주는 우리를 넘어간 것이다. 우리를 위해 십자가에 못 박혀 죽으신 어린 양 예수 그리스도의 피가 우리의 모든 부족함과 연약함과 죄악을 사했기 때문이다. 하나님이 예수 그리스도의 피를 보시고 우리를 구원하겠다고 약속하셨기에 우리는 그의 보혈로 말미암아 하나님 앞에 담대히 나아가는 믿음을 얻은 것이다.

▶ 유월절 잔: 유월절 식사 정경을 조각한 17-18세기의 잔으로, 모양은 교회의 성찬식에서 사용하는 성찬배와 유사하다. 이것은 유대인의 유월절 축제 시에 사용되었다.

07. 속량과 예수 그리스도 안에 있는 구원

"모든 사람이 죄를 범하였으매 하나님의 영광에 이르지 못하더니 그리스도 예수 안에 있는 속량으로 말미암아 하나님의 은혜로 값없이 의롭다 하심을 얻은 자 되었느니라. 이 예수를 하나님이 그의 피로써 믿음으로 말미암는 화목제물로 세우셨으니 이는 하나님께서 길이 참으시는 중에 전에 지은 죄를 간과하심으로 자기의 의로우심을 나타내려 하심이니 곧 이 때에 자기의 의로우심을 나타내사 자기도 의로우시며 또한 예수 믿는 자를 의롭다 하려 하심이라."(롬 3:23-26)

사도 바울은 위의 본문에서 "이 예수를 하나님이 그의 피로써 믿음으로 말미암는 화목제물로 세우셨으니 이는 하나님께서 길이 참으시는 중에 전에 지은 죄를 간과하심으로 자기의 의로우심을 나타내려 하심이니"(25절)라고 말씀하고 있다. 이는 예수 그리스도의 십자가 이전까지는 '죄를 없애는 것'이 전혀 없었고, 하나님과 인간 사이에는 온전한 화목이 이루어지지 못했음을 말해준다. 그래서 거기에는 단지 '속량', 즉 '위로 덮어버리는 것', 또는 '지나가는 것'으로만 말해질 수밖에 없다. 그러기에 구약의 번제단에서는 계속해서 짐승을 잡아 희생제사를 드렸지만, 그것은 '예수 그리스도가 오셔서 자신의 보혈로 온전하고 완전한 화목을 이루신다.'라는 약속 안에서 잠정적으로 행하여진 의식이요, 하나의 그림자요 모형이었다.

구약에서 '속량'(atonement)을 뜻할 때 가장 일반적으로 사용된 히브리어 단어는 '카파르'(כפר, Kaphar)인데, 그 뜻은 '덮는다'이다.[5]

---

[5] 첫 인류의 조상은 아담(창 2:7-25)이고, 첫 구속사의 조상은 노아(창 6:9-22 창 9:18,19)이다. 그리고 믿음의 조상은 아브라함(롬 4:11, 12, 16)이다. 그런데 창세기 9장에 노아의 허물과 수치와 관계된 사건이 기록되어 있다. "포도주를 마시고 취하여 그 장막 안에서 벌거벗은지라. 가나안의 아버지 함이 그의 아버지의 하체를 보고 밖으로 나가서 그의 두 형제에게 알리매 셈과 야벳이 옷을 가져다가 자기들의 어깨에 메고 뒷걸음쳐 들어가서 그들의 아버지의 하체를 덮었으며 그들이 얼굴을 돌이키고 그들의 아버지의 하체를 보지 아니하였더라."(창 9:21-23)
노아의 허물을 보고 셈과 야벳이 옷을 취하여 덮음으로 노아의 수치가 가려졌다. 이와 같이 '덮는다'는 것은 '죄를 가리운다'와 관계가 있다. 다음의 '덮는다'라는 성경 구절에도 같은 의미가 내포되어 있는데 깊이, 말씀을 묵상하면 '속량과 구속'의 의미까지 확장되어 있음을 알 수 있다.
① "이에 그들의 눈이 밝아져 자기들이 벗은 줄을 알고 무화과나무 잎을 엮어 치마로 삼았더라, 이르되 내가 동산에서 하나님의 소리를 듣고 내가 벗었으므로 두려워하여 숨었나이다. 여호와 하나님이 아담과 그의 아내를 위하여 가죽옷을 지어 입히시니라."(창 3:7,10,21)
② "내 영혼을 대적하는 자들이 수치와 멸망을 당하게 하시며 나를 모해하려 하는 자들에게는 욕과 수욕이 덮이게 하소서."(시 71:13)
③ "이르되 네가 누구냐 하니 대답하되 나는 당신의 여종 룻이오니 당신의 옷자락을 펴 당신의 여종을 덮으소서 이는 당신이 기업을 무를 자가 됨이니이다 하니."(룻 3:9)

속량이라는 말은 하나님이 노아에게 방주를 만들 것을 지시하는 내용에서 처음으로 나타난다. "너는 고페르 나무로 너를 위하여 방주를 만들되 그 안에 칸들을 막고 역청을 그 안팎에 칠하라."(창 6:14)

여기서 '역청'이라고 번역한 말이 바로 '속량'을 뜻하고 있다. 역청(속량)은 홍수가 방주로 들어오지 않도록 방주를 덮음으로 그 안에 있는 노아와 모든 식구를 안전하게 보호했다. 역청은 하나님의 심판이 방주 안에 있는 사람들에게 미치지 않도록 막아 지켜주는 역할을 한다. 이것은 구약에서 '속량'이 의미하는 바를 분명하게 보여준다. 성막에서 희생의 제물로 드린 동물의 피, 곧 속량의 피는 완전한 속죄를 이룰 수 없다. 오직 하나님의 완전한 어린 양의 피가 흘려질 때까지 하나님의 심판을 덮어 보류해 두는 것에 지나지 않는다. 그리스도께서 십자가에서 피 흘리실 때 비로소 속량은

---

④ "너희가 알 것은 죄인을 미혹된 길에서 돌아서게 하는 자가 그의 영혼을 사망에서 구원할 것이며 허다한 죄를 덮을 것임이라."(약 5:20)
⑤ "무엇보다도 뜨겁게 서로 사랑할지니 사랑은 허다한 죄를 덮느니라."(벧전 4:8)
⑥ "내가 네 곁으로 지나며 보니 네 때가 사랑을 할 만한 때라. 내 옷으로 너를 덮어 벌거벗은 것을 가리고 네게 맹세하고 언약하여 너를 내게 속하게 하였느니라. 나 주 여호와의 말이니라."(겔 16:8)
⑦ "천사가 대답하여 이르되 성령이 네게 임하시고 지극히 높으신 이의 능력이 너를 덮으시리니 이러므로 나실 바 거룩한 이는 하나님의 아들이라 일컬어지리라."(눅 1:35)

끝나고, 하나님과 인간 사이에 화목이 다시 회복되었다.

구약의 속량의 피는 그리스도가 오실 때까지만 심판을 보류하는 것이기에 성막의 제사는 그리스도의 때까지 매년 계속 되어야만 했다. 그것은 구약의 성도들이 죄의 용서는 받았지만 절대로 의롭다고 인정을 받지 못한 이유이기도 하다. 실제로 성경에서 '칭의'는 갈보리의 십자가 사건 이전에는 전혀 사용되지 않았고,[6] 반대로 '용서'[7]는 그 이후에 전혀 언급되지 않는다. 이 사실은 로마서 3장 25절의 말씀을 통해 온전하고 분명하게 확인할 수 있다.

"이 예수를 하나님이 그의 피로써 믿음으로 말미암는 화목제물

---

[6] "모든 것이 하나님께로서 났으며 그가 그리스도로 말미암아 우리를 자기와 화목하게 하시고 또 우리에게 화목하게 하는 직분을 주셨으니 곧 하나님께서 그리스도 안에 계시사 세상을 자기와 화목하게 하시며 그들의 죄를 그들에게 돌리지 아니하시고 화목하게 하는 말씀을 우리에게 부탁하셨느니라. 그러므로 우리가 그리스도를 대신하여 사신이 되어 하나님이 우리를 통하여 너희를 권면하시는 것같이 그리스도를 대신하여 간청하노니 너희는 하나님과 화목하라."(고후 5:18-20)

[7] '용서'(forgiveness)라는 단어는 '지고 간다', '가지고 간다'는 뜻의 헬라어 ἄφεσυς, Aphesus'에서 나온 것으로 '죄로부터 죄들을 분리한다'는 의미이다. 신약에서 그 단어는 15번 발견된다. 여섯 번은 '용서'(forgiveness)로 표현되었고, 아홉 번은 '구속'(remission)으로 표현되었다. 그러나 그 의미는 동일하다. "하나님이 범죄한 천사들을 용서하지 아니하시고 지옥에 던져 어두운 구덩이에 두어 심판 때까지 지키게 하셨으며 옛 세상을 용서하지 아니하시고 오직 의를 전파하는 노아와 그 일곱 식구를 보존하시고 경건하지 아니한 자들의 세상에 홍수를 내리셨으며"(벧후 2:4-5) "서로 친절하게 하며 불쌍히 여기며 서로 용서하기를 하나님이 그리스도 안에서 너희를 용서하심과 같이 하라."(엡 4:32) "누가 누구에게 불만이 있거든 서로 용납하여 피차 용서하되 주께서 너희를 용서하신 것같이 너희도 그리하고."(골 3:13)

로 세우셨으니 이는 하나님께서 길이 참으시는 중에 전에 지은 죄를 간과하심으로 자기의 의로우심을 나타내려 하심이니."(롬 3:25)

십자가에 이르기까지는 절대로 죄를 제거할 수가 없었고, 다만 죄를 잠정적으로 가리는 것에 지나지 않았던 것이다. 히브리서 9장 25, 26절의 성경 말씀은 이에 대해 밝히 말씀하고 있다.

"대제사장이 해마다 다른 것의 피로써 성소에 들어가는 것같이 자주 자기를 드리려고 아니하실지니 그리하면 그가 세상을 창조한 때부터 자주 고난을 받았어야 할 것이로되 이제 자기를 단번에 제물로 드려 죄를 없이 하시려고 세상 끝에 나타나셨느니라."(히 9:25-26)

그러므로 예수 그리스도의 대속의 피 흘림 없이는, 그리고 이 복음을 믿지 않고는 누구도 구원받을 수 없다.

"그를 믿는 자는 심판을 받지 아니하는 것이요 믿지 아니하는 자는 하나님의 독생자의 이름을 믿지 아니하므로 벌써 심판을 받은 것이니라."(요 3:18)

그리스도의 대속은 그리스도께서 다른 사람이 받아야 할 징계의 자리에서 대신하여 죽으셨다는 사실을 의미한다. 예수 그리스도는 오직 죄인들을 위하여, 그들을 살리기 위하여 죽으셨다. 이사야 선지자는 "여호와께서는 우리 모두의 죄악을 그에게 담당시키셨도다."(사 53:6)라고 했고, 사도 요한도 "그는 우리 죄를 위한 화목제물이니 우리만 위할 뿐 아니요 온 세상의 죄를 위하심이라."(요일 2:2)고 말하고 있다.

이처럼 예수님이 자신의 생명을 대속의 제물로 내어주신 것은 자신을 따르던 제자들과 무리만을 위한 것이 아니었다. 온 세상의 죄를 위한 것이요, 모든 죄인을 위한 것이다. 또한 예수님의 십자가는 단지 지은 죄를 덮어 형벌을 피하게 하는 것에만 목적이 있지 않았다. 주님은 죄인들을 살리고 그들로 영원한 생명을 갖게 하려고 대속과 화목의 제물이 되어 죽으신 것이다. 예수님의 죽으심은 모든 사람을 구원하는 데에 충분하다. 그리고 죄를 대속하기 위한 그리스도의 보혈은 완전하다.

"모든 사람이 죄를 범하였으매 하나님의 영광에 이르지 못하더니 그리스도 예수 안에 있는 속량으로 말미암아 하나님의 은혜로 값없이 의롭다 하심을 얻은 자 되었느니라."(롬 3:23-24)

"아버지께서 내게 주시는 자는 다 내게로 올 것이요 내게 오는 자는 내가 결코 내쫓지 아니하리라."(요 6:37)

예수 그리스도께서 십자가에서 피 흘리심으로 죄인인 우리에겐 속량과 구속함이 완전히 이루어졌다. 그뿐만 아니라 우리는 하나님과 화목하게 되었고, 하나님은 우리를 의롭다고 하셨다. 율법을 행함으로 의롭다 함을 얻을 사람은 이 세상에 아무도 없다. 주님은 우리를 의롭게 하시기 위하여 죽으셨고, 그 대속의 죽음으로 하나님은 이를 믿는 자에게 의를 선물로 주신다.

"그러므로 율법의 행위로 그의 앞에 의롭다 하심을 얻을 육체가 없나니 율법으로는 죄를 깨달음이니라."(롬 3:20)

"하나님이 죄를 알지도 못하신 이를 우리를 대신하여 죄로 삼으신 것은 우리로 하여금 그 안에서 하나님의 의가 되게 하려 하심이라."(고후 5:21)

6부

은퇴 후의 비전인
메타노이아
속량 복음 코칭

코칭1 _ 임준식 목사의 속량의 은혜를 받은 간증

나는 목회 10년을 하면서도 속량의 은혜를 잘 몰랐다. 속량의 은혜를 받고부터 진정한 목회자로서 목회하게 되었다.

우선 속량의 은혜를 받기 전에 내가 얼마나 곤고한 목회자였는지를 말하고자 한다. 마태복음 5장 25-26절, 양심의 송사가 호리라도 해결되지 못하면 구원에 이르지 못한다. 둘째 사망인 불못에 들어간다. 그래서 매주 금요일마다 10시부터 새벽 5시까지 철야 기도를 했다. 365일 중의 350일은 새벽 기도를 했다. 새벽 예배 후에는 1-2시간은 늘 기도했다. 그러나 바울이 로마서 7장 24절에서 고백한 대로 "오호라 나는 곤고한 사람이로다. 이 사망의 몸에서 누가 나를 건져내랴." 하고 탄식했다. 그럼에도 불구하고 기도하고 찬송하고 나면 그때는 마음이 어느 정도 시원했다. 그러나 삶 속에서는 또 곤고하였다. 그래서 87년에 목회를 그만두려고까지 하였다. 12월까지 정리하고 체육관에서 제자들을 양성하면서 그들에게 운동 정신과 신앙 정신을 가르쳐서 사회 지도자를 양성하려고 하였다. 목회를 그만두고 그냥 평신도 장로로서 교회를 섬기려고 하였다. 목사를 직업으로 하고 싶지 않았다.

속량의 은혜를 받기 전에 1년간은 마음이 답답하고 인생이 허무해서 울면서 보냈다. 목회자로 10년을 살았는데 그만두려고 하니 많이 힘들었다. 그러다가 성경을 읽어 내려가던 중 갈라디아서 4장 5-7절을 통해 "마음의 속량"이 이루어졌다. 죄 사함을 받았다. 그리고 나서 성경을 보니 이사야 44장 21-22절, "내가 네 허물을 빽빽한 구름같이 네 죄를 안개같이 없이 하였으니 너는 내게로 돌아오라. 내가 너를 구속하였음이라."는 말씀이 마음에 들어오기 시작하였다. 하나님의 말씀의 은혜를 받으니 이제 영적인 눈이 열려서 말씀이 제대로 보이기 시작하였다.

이사야 1장 18절, "너희의 죄가 주홍 같을지라도 눈과 같이 희어질 것이요 진홍같이 붉을지라도 양털같이 희게 되리라."는 말씀도 마음에 보이기 시작하였다. 특히 로마서 3장 4-26절, "그리스도 예수 안에 있는 속량으로 말미암아 하나님의 은혜로 값없이 의롭다 하심을 얻은자 되었느니라."는 말씀도 마음에 들어와 큰 은혜가 되었다. 요한복음 6장 63절, "살리는 것은 영이니 육은 무익함이라. 내가 너에게 이른 말은 영이요 생명이니라."는 말씀도 마음에 들어와 큰 은혜가 되었다. 고린도후서 4장 6-12절, "우리가 이 보배를 질그릇에 가졌으니 이는 심히 큰 능력은 하나님께 있고 우리에게 있지 아니함을 알게 하려 함이라. 우리가 항상 예수의 죽음을 몸에 짊어짐은 예수의 생명이 또한 우리 몸에 나타나게 하려 함이라. 그런즉 사망은 우리 안에서 역사하고 생명은 너희 안에서 역사하느니라."는 말씀이 나를 압도했다.

이렇게 성경 말씀이 내 심령속에 깊이 새겨지면서 확실히 믿게 되고 확신하게 되었다. 하나님의 약속의 말씀을 실존적으로 절대 믿게 되었다. 특히 로마서와 갈라디아서는 일기장처럼 그냥 알아졌다. 내 속에서 성경은 이런 마음에서 썼구나 하는 것을 알게 되었다. 성경은 100% 하나님의 말씀이라는 믿음을 갖게 된 것이다.

앞서 진술한 대로 속량의 은혜를 받고 서울장신대학교에서 교무처장을 하고 계시던 황장옥 목사님에게 전화를 했다. 평소에 그분의 말씀에 많은 은혜와 도전을 받았기에 전화를 드렸다. 그랬더니 황장옥 목사님께서 바로 학교로 오라고 하셨다. 교무처장실에서 요한복음 11장 43-44절의 이야기를 해주셨다. 나사로의 이야기를 풀어주시면서 나사로는 유대의 전통을 상징하는 것이고 율법임을 설명해 주셨다. 그리고 죽음에서 살아난 나사로의 얼굴과 몸에 감긴 베와 수건을 풀어놓아 다니게 하라는 주님의 말씀처럼, 십자가 속량의 복음으로 율법에 묶여 있던 마음의 수건이 하나씩 하나씩 벗겨져 나가는 역사가 있을 것이라고 말씀해 주셨다. 또한 죽었던 나사로가 예수님의 음성을 듣고 살아난 후에 몸에 감긴 베와 수건이 벗겨진 것처럼 임 목사가 선포한 말씀을 듣는 자는 속량을 받고 죄에서 풀려나고 진리로 자유롭게 되는 역사가 나타나게 될 것이라고 격려해 주셨다.

속량의 은혜를 받은 후 너무 감격하여 33년간 이렇게 목회를 해 왔다. 속량의 복음을 전하기 위해서 1988년 12월 25일 성탄절 예배를 시작으로 목양교회를 개척했다. 처음 6개월간은 환경적으로는 무척 힘들었다. 그런데 속량의 은혜의 기쁨으로 그 어려움을 능히 이기고 기쁨과 평강으로 주님의 교회를 섬겼다. 아파트에서 1989년 6월 4일 신정 4동 상가 월세 40평으로 이전하여 하나님께 영광을 돌렸다. 거기서 6년 동안 속량의 은혜를 증거한 감격으로 부흥이 되었다. 1995년 12월 25일 신정 2동 예배당 건축 기공 예배를 드렸다. 그리고 나서 1996년 9월 1일에 신축한 새 예배당에서 예배를 드렸다. 그렇게 속량의 은혜를 받고 33년을 목회해 보니, 결국 목회와 교회는 속량의 은혜를 받지 않고는 불가능한 일이라는 것을 깊이 깨닫게 되었다. 속량의 은혜를 받지 않고는 목회를 할 수도 없고, 교회도 존재할 수 없다는 것을 깨달았다.

1. 주의 말씀 받은 그 날 참 기쁘고 복되도다
　이 기쁜 맘 못 이겨서 온 세상에 전하노라
2. 이 좋은 날 내 천한 몸 새 사람이 되었으니
　이 몸과 맘 다 바쳐서 영광의 주 늘 섬기리
3. 새 사람 된 그 날부터 평안한 맘 늘 있어서
　이 복된 말 전하는 일 나의 본분 삼았도다
(후렴)
기쁜 날 기쁜 날 주 나의 죄 다 씻은 날
늘 깨어서 기도하고 늘 기쁘게 살아가리
기쁜 날 기쁜 날 주 나의 죄 다 씻은 날 아멘
- 찬송가 285장(통 209) -

1. 먹보다도 더 검은 죄로 물든 마음이
　흰 눈보다 더 희게 깨끗하게 씻겼네
2. 모든 의심 걱정과 두려움이 사라져
　슬픈 탄식 변하여 기쁜 찬송 되었네
3. 세상 부귀 영화와 즐겨 하던 모든것
　주를 믿는 내게는 분토만도 못하다
4. 나의 모든 보배는 저 천국에 쌓였네
　나의 평생 자랑은 주의 십자가로다

(후렴)

주의 보혈 흐르는데 믿고 뛰어 나아가

주의 은혜 내가 입어 깨끗하게 되었네

- 찬송가 423장(통 213) -

1. 내 구주 예수를 더욱 사랑 엎드려 비는 말 들으소서

　　내 진정 소원이 내 구주 예수를 더욱 사랑 더욱 사랑

2. 이 전엔 세상 낙 기뻤어도 지금 내 기쁨은 오직 예수

　　다만 내 비는 말 내 구주 예수를 더욱 사랑 더욱 사랑

3. 이 세상 떠날 때 찬양하고 숨질 때 하는 말 이것일세

　　다만 내 비는 말 내 구주 예수를 더욱 사랑 더욱 사랑 아멘

- 찬송가 314장(통 511) -

1. 주여 지난밤 내 꿈에 뵈었으니 그 꿈 이루어 주옵소서

　　밤과 아침에 계시로 보여주사 항상 은혜를 주옵소서

2. 마음 괴롭고 아파서 낙심될 때 내게 소망을 주셨으며

　　내가 영광의 주님을 바라보니 앞길 환하게 보이도다

3. 세상 풍조는 나날이 변하여도 나는 내 믿음 지키리니

　　인생 살다가 죽음이 꿈 같으나 오직 내 꿈은 참되리라

(후렴)

나의 놀라운 꿈 정녕 나 믿기는 장차 큰 은혜 받을 표니

나의 놀라운 꿈 정녕 이루어져 주님 얼굴을 뵈오리라

- 찬송가 490장(통 542) -

코칭2 _ 속량의 은혜에 관한 일대일 코칭

교단법이 정한 70세 은퇴 후에도 목사, 선교사, 성도들에게 일대일로 속량의 은혜를 코칭하고자 한다. 내가 속량의 복음의 은혜를 깨닫고 보니 목회자는 필수적으로 속량의 은혜를 입어야 복음을 전할 수 있다. 속량의 은혜의 복음을 깨닫지 못하면 결국 목회는 경영이 되고 사람 중심의 목회, 율법적인 목회를 할 수밖에 없다.

은퇴 이후에는 한 교회에 매이지 않고 초교파적으로 사역을 하고자 한다. 예수님이 일대일로 사마리아 여인과 만나서 복음 코칭 하셨던 것처럼, 삭개오를 만나서 일대일로 코칭하셨던 것처럼, 혈루병 여인을 일대일로 만나서 코칭하셨듯이 그렇게 일대일 코칭을 하고자 한다. 결국은 속량의 은혜 복음을 예수님처럼 일대일로 코칭하고자 한다.

목회자는 이렇게 일대일 코칭을 하고자 한다. 요한1서 1장 1-4절, "태초부터 있는 생명의 말씀"으로 교제하고 예수 그리스도로 더불어 누리고 기쁨을 서로 충만케 하기 위하여 생명의 말씀을 가지고 목회자와는 일대일 코칭을 하고자 한다. 목회자가 예수님이 기뻐하시는 목회를 하려면 먼저 속량의 은혜의 복음을 알고 목회할 수 있도록 일대일 코칭으로 섬기고자 한다.

선교사들도 요한1서 1장 1-4절, 태초에 있는 생명의 말씀으로 교제를 하면서 일대일 속량의 은혜의 복음을 코칭하고자 한다. 선교사들도 속량의 복음을 모르는 경우는 결국 자기의 일을 하게 되기 때문에, 속량의 은혜로 할 수 있도록 일대일 코칭으로 섬기고자 한다.

평신도들도 "하나님께로부터 나서 그리스도 예수 안에 있고 예수는 하나님으로부터 나와서 우리에게 지혜와 의로움과 거룩함과 구원함이 되셨으니"(고전 1:29-31)라는 말씀처럼 주 안에서 세워진 믿음을 바로 갖도록 하기 위해 일대일 코칭을 하려고 한다.

33년 목회를 돌아보니 속량의 은혜 복음에 집중하지 않으면 성령의 열매가 작다. 그래서 결국 목회자는 먼저 속량의 은혜 복음을 깨닫고 목회를 시작해야 한다. 목회자뿐만 아니라 교회의 모든 성도도 속량의 은혜 복음을 깨닫고 신앙생활을 해야 진정한 교회를 이루어 갈 수 있다.

코칭3 _ 속량의 은혜 코칭을 위한 3단계 양육 코칭

속량의 은혜를 통한 목양교회 33년 목회를 마무리하고 2021년 12월에 은퇴하게 된다. 그러나 은퇴 후에도 집중해서 담당하려고 하는 미션은 "한국 교회와 선교사를 위해서 속량의 은혜 복음 코칭을 3단계로 양육"하는 것이다. 속량을 받으면 하나님의 백성이 된다. 하나님의 백성이 되면 하나님의 백성으로 사는 삶이 반드시 드러난다. 하나님의 교회에는 그리스도인의 인격을 품은 성도가 많아져야 하고 성경적인 교회가 세워져야 한다.

첫 번째 양육 단계는 '속량의 길'이다. 내가 속량을 받고 나니까 "어떻게 하면 속량을 받게 할까?"가 하는 것이 목회자로서 미션이었다. 속량 받기 위해서는 우선 하나님은 누구시며, 나는 누구인가를 알아야 한다. 하나님은 무엇을 요구하고 계시는가? 그리고 나는 목마른 인생이라는 것을 알고 있는가? 하나님이 보시는 나의 죄가 무엇인가? 모든 것을 버리고 하나님께 돌아오는 인생이 되려면 어떻게 할 것인가? 그러려면 죄의 결과를 알아야 한다. 거기에 대한 해결책은 무엇인가? 이제 우리는 무엇을 보아야 하며 새로운 출발을 해야 한다.

두 번째 양육 단계는 '속량 받은 이후의 새로운 삶'이다. 성장하는 그리스도인에 대해 배운다. 경건의 시간과 말씀을 섭취하는 것을 배운다. 특히 속량의 은혜에 대한 구원의 확신을 가져야 한다. 그리고 승리의 삶, 사죄의 확신을 가져야 한다. 성령을 따라 사는 삶을 배워야 한다. 섬김과 후히 드리는 생활을 배워야 한다. 곧 순종의 삶, 믿음의 삶, 헌신의 삶 등 하나님의 뜻을 따라서 사는 삶을 말한다.

세 번째 양육 단계는 그리스도의 인격과 성경적인 교회 생활이다. 열매 맺는 삶이란 하나님을 경외하고 기도의 능력을 회복하고, 겸손, 순결, 정직, 충성, 온유와 절제, 고난 극복, 하나님의 능력 체험 등이다. 성경적인 교회란 하나 됨, 성도의 대인 관계, 용서의 삶, 성도의 교제와 사랑의 삶, 성경적인 헌금과 증인의 삶, 그리고 복 받는 삶이다.

지금 한국 교회가 많이 혼란스럽다. 율법주의와 행위주의, 유교적 신앙으로 굳어져 있다. 그래서 나는 은퇴 후에는 본격적으로 속량의 은혜 복음을 코칭하고자 한다.

코칭4 _ 기도원과 신학교 집회를 위한 속량의 은혜 코칭

기도원에서도 성막 실물을 설치하고 속량의 은혜 복음을 전하기를 원한다. 목사, 선교사, 평신도 등 모든 사람을 대상으로 속량의 은혜 복음을 코칭하고자 한다. 이를 위해 각 학교에서 초청 강의를 요청받을 때 성막을 운반하여 보여주면서 속량의 은혜 복음을 전하고자 한다.

기도원 성막 집회는 매월 2회씩 실시하려고 한다. 성막에 나타난 예수 그리스도를 인격적으로 만나서 죄 사함과 성령을 선물로 받도록 생명 얻는 회개를 전하고자 한다. "그들이 이 말을 듣고 마음에 찔려 베드로와 다른 사도들에게 물어 이르되 형제들아 우리가 어찌할꼬 하거늘 베드로가 이르되 너희가 회개하여 각각 예수 그리스도의 이름으로 세례를 받고 죄 사함을 받으라. 그리하면 성령을 선물로 받으리니."(행 2:37-38) 이것이 바로 생명 얻는 회개이다.

"그러면 하나님께서 이방인에게도 생명 얻는 회개를 주셨도다 하니라."(행 11:16-18)라는 말씀대로 생명 얻는 회개, 속량의 복음을 기도원에서도 전하고자 한다. 그래서 기도원에서 복음의 은혜를 받았던 70-80년대처럼 다시 성막과 속량의 은혜 복음과 생명 얻는 회개로 다시 부흥을 일으키고 교회를 개혁하고자 한다.

오늘날 한국 교회의 혼란은 신학교에서 구원론, 성령론, 교회론이 성경적으로 정립이 되지 않았기 때문이라고 생각한다. 그래서 신학교에서 속량의 은혜 복음을 전하려고 한다. 성막을 설치하여서 실물을 보게 하면서 성경을 펼쳐서 성경 중심으로 속량의 은혜 복음과 생명 얻는 회개를 가르치고자 한다. 거룩한 성전의 생명의 유기체인 교회를 바로 알도록 섬기고자 한다.

코칭5 _ 통일을 위한 교회의 역할 코칭

나는 1995년 숭실대학교 통일정책대학원에서 공부하고 "통일을 대비한 기독교 교육과 선교의 방향"이라는 논문을 썼다. 그 내용을 중심으로 은퇴 후에는 "통일을 위한 교회의 역할"에 관해서 코칭을 하려고 한다.

독일 통일에서의 교회의 역할을 생각해 보자. 동서독의 통일이 이렇게 빨리 이루어지리라고는 아무도 상상을 못 했다. 독일이 통일 문제를 다룰 때는 우리와는 입장이 사뭇 달랐다. 세계 2차 대전을 일으켰던 전쟁 당사국으로서 전쟁의 채무를 지고 감히 통일해야겠다고 나설 수가 없었던 민족인데 여전히 냉전의 구도 속에서 헤어나지 못한 상태에서 동서독 통일을 이루었다. 그것은 동서독 양 국민의 꾸준한 노력과 무엇보다도 동서독 교회의 역할이 컸다. 양독 교회는 민족의 동질성 유지, 하나의 교회, 평화의 신학 등 분단 후 40년간을 꾸준하게 교류하는 역할을 했다. 베를린 장벽이 막혀 있음에도 노력을 게을리하지 않았던 결실을 얻은 것이다.

어려운 상황에서도 독일 내의 모든 교회가 공동의 책임이 있고 하나의 교회 됨을 고백했던 것이다. "이산가족의 재결합"이라든가 "동독의 정치범 출국 허가" 등을 힘써서 소기의 성과를 축적해 나갔고 분단 독일의 현실을 이해하는 바탕 위에서 협력을 이루어 나간 것이다. 80년대 이후에는 동서독 교회가 자매결연을 하고 양독 교회 지도자들이 모여서 토론의 기회도 가지고 물질적으로 어려운 동독 교회를 돕는 일에 힘을 기울였다. 이러한 교류의 바탕이 독일 민족의 동질성을 유지 내지는 높일 수 있었다고 후에 동독의 교회 지도자들은 말하고 있다.

동서독 교회의 통일 역할은 다음의 네 가지로 간추려 볼 수 있다. 첫째는 분단의 벽을 허물어 내는 조심스러운 교류 활동이다. 서독의 교회가 동독의 교회 쪽에서 구제, 원조 요청을 했을 때 즉시 헌금을 해서 전달해 주었더니 그들은 그것을 가지고 예배당을 짓거나 보수하는 데 쓰지 않고 방송 선전탑을 세웠다. 동독 교회가 약속을 깨뜨리고 성도들이 낸 세금으로 방송 선전탑을 세웠고 계속 다른 용도로 헌금을 사용하는 것을 알고도 교류를 계속해 나갔던 것이다.

둘째는 교회가 민주화의 요람이 된 점이다. 동서독 통일에서 빼

놓을 수 없는 것은 라이프치히(Leipzig)의 성 니콜라이 교회와 드레스덴(Dresden)의 속죄 교회를 중심으로 한 지속적인 기도 운동을 무시할 수 없다. 기도 운동이야말로 민주화 운동을 일으키는 원동력이 되었기 때문이다. 『한국 교회의 아버지 사무엘 마펫』(박성배, 강석진 지음, 킹덤북스)를 보면 한국의 3.1 독립을 위해서도 북한 쪽에서 사역하던 사무엘 마펫 선교사와 교회가 강력한 힘을 발휘했던 것처럼, 동서독 교회의 기도 운동도 눈에 보이지 않는 영적 권세를 가지고 있었다. 다시 말해서 복음의 강력한 능력을 갖춘 교회였다. 교회의 기도가 통일의 밑거름이 되었다.

셋째는 평화통일 운동을 주도한 점이다. 양독 사이에서 피차의 처지를 이해하는 일이 무엇보다 중요하다. 사회주의의 경험, 그리고 사회주의 체제에서 사는 동독 교회 지도자들이 서독 교회 지도자들을 보고 느끼는 경험 등은 서로를 이해하게 했고 어찌하든 통일의 기초를 닦아 나가는 일을 귀중하게 여기고 흔히 빠지기 쉬운 흑백의 단정 논리에서 벗어나 군사적 대결을 강화할 때도 객관적인 시야를 갖도록 동독 교회를 도운 것이다. 아주 작은 발걸음이지만 조심스럽게 통일을 위한 활동 공간을 넓혀 나갔던 것이다. 특히 양독 사이를 오가면서 봉사한 인사들의 노력을 간과해서도 안 될 것이다.

넷째는 평화 신학을 정착시킨 점이다. 정치적인 이데올로기 속에서도 독일 교회는 정치적으로 이용당하지 않았다. 동독 교회는 정치적 박해 속에서 공산 정권의 시녀가 되지 않고 순수한 복음을 선포하는 교회가 되려고 노력했다. 서독 교회도 반공이데올로기보다 정의와 평화, 평화의 복음을 선포하는 십자가를 짊어지고 가는 교회의 사명을 능히 감당했다.

나는 2021년에 교단법에 따라 일선 목회에서는 은퇴한다. 그러나 독일 라이프치히 속죄 교회의 목사님이 독일 통일을 위해서 10년간 꾸준히 기도하여 통일의 밑거름이 되었던 것처럼, 은퇴 이후에는 남북통일을 위한 기도를 지속하려고 한다. 아직도 세계의 유일한 분단 국가로 남아 있는 한반도의 통일은 기도하는 가운데서 하나님이 이루어 가실 것을 믿기 때문이다.

코칭6 _ 통일 준비와 정책 수립 코칭

앞서 언급한 대로 나는 숭실대학교 통일정책대학원에서 "통일을 대비한 기독교 교육과 선교의 방향"을 주제로 논문을 썼다. 그 논문을 중심으로 "통일 준비의 정책 수립"을 생각해 보고자 한다.

북한 통일 선교 전략을 위한 권위 있는 전문 연구 기관을 설립해야 한다. 총론적인 연구보다 각론적인 연구가 이루어져야 한다. 북한 선교의 당위성에 치우친 종래의 연구를 뛰어넘어야 한다. 북한 분야별 실태, 특히 분단 시대의 북한 주민들의 계층별, 세대별, 지역 분포 및 그들의 의식 구조, 문화 생활 형태 유형의 특징과 변화 추이들에 관한 심층 연구가 필요하다. 이는 대북 선교 전략 실천 방안 수립을 위한 기초 자료가 되기 때문이다. 또한 교류 협력 시대의 직접 왕래 선교 전략, 제3국을 통한 우회 선교 전략 및 전파 매체를 통한 우회 선교 전략, 핵심 공산당을 대상으로 한 남북대화를 통한 특수 선교 전략 등 주도면밀한 분야별 세부 선교 전략 계획이 마련되어야 한다.

북한 선교 전략을 위해서 북한 통일 선교 아카데미 설립 운영을 서둘러야 한다. 이는 일종의 북한 선교 특별 요원을 양성하는 특수 대학이라 할 수 있다. 참여하는 모든 사람은 신학자뿐만 아니라 정부 내 통일원을 비롯한 관계 기관의 전문가들과 사회 각계의 우수한 전문가들을 영입해야 할 것이다. 참여하는 모든 사람은 사명감과 헌신적 자세를 가지고 충성과 기쁨으로 준행해야 할 것이다. 운영 예산은 각 교단, 교회 조직과 우수한 기독교 단체, 기독 실업인들의 헌금과 선금을 확보하여 헌신하도록 하면 될 것이다. 과정은 초·중·고급 교역자 과정, 평신도 과정, 특별 과정, 단기, 중기, 장기 과정 등으로 구분 영역별 커리큘럼을 작성하여 체계적인 교육 훈련을 시행해야 할 것이다.

북한의 성도를 향한 우리들의 자세 재정립과 그들을 위한 특별 메시지를 계속 보내야 한다. 과연 우리는 북한 성도들의 은밀한 기도와 마음 깊은 찬송을 부르며 신앙의 자유와 통일을 갈망하고 있는 북한 지하 성도들을 얼마나 생각하고 또 진정 그들을 위해 몇 번이나 간절한 기도를 드렸는지 먼저 자신들의 성찰이 우선 되어야 한다.

남한 교회의 기독교 교육과 선교 전략을 몇 가지로 살펴보자.

첫째는 교단을 통한 선교이다. 거의 모든 교단이 교단 내에 북한 복음화를 위한 기구를 두고 있고 예장 통합 측의 경우는 6월 넷째 주일을 북한 선교 주일로 정해 이 주일의 헌금을 북한 복음화를 위해 사용하도록 하고 있다. 북한 복음화 운동의 구체적인 방법을 제시하고 있는 교단으로는 기독교 대한 감리회를 들 수 있다.

둘째는 라디오 방송을 통한 북한 선교이다. 현재 극동방송 등이 북한 선교를 비롯한 공산권 선교의 사명을 다하고 있다. 중국에는 공식 발표로 176만 명으로 추산되는 동포들이 동북 삼성(헤이룽장성, 길림성, 랴오닝성)을 중심으로 밀집해 살고 있는데 이들이 극동방송을 어머니 방송이라 부르며 애청하고 있다. 특히 그리스도인 교포들은 한국의 극동방송 방송 시간이 되면 일을 중단하고 라디오를 통한 복음과 방송을 들으며 예배드린다. 이들이 바로 북한 선교의 교두보이다. 한국 교회가 현재까지 북한 선교를 직접 할 수 있는 길은 방송이다. 방송 선교는 라디오 보내기와 함께 진행되어야 한다. 그리고 KBS에 방송 선교 프로그램을 넣는 것도 좋을 것이다.

셋째는 선교사 양성 및 훈련이다. 통일이 되면 가장 먼저 해야 할 일이 교회 설립이다. 북한 지역에 교회가 많아지고 성도들이 증가한다면 자연히 교회 지도자도 필요하게 될 것이다. 현지 북한 동포들을 위한 효율성 및 적응성을 고려하여 북한 현지인 중에서 소명 의식이 분명하고 성령 충만하여 인격을 겸비한 자를 교회 지도자로 훈련시키고 세워나가는 일에 적극적으로 지원하여 선교하도록 해야 한다. 그러나 현지 북한 동포 가운데 가용 자원의 책임 있는 활동이 힘들 것이 분명하다. 그러기에 한국 교회는 남한 내에서 북한 선교를 위해 무엇보다도 투철한 복음 전도의 사명과 성령 충만하여 학문적 능력과 인격적 자질을 갖춘 자를 선발하여 북한 선교 요원으로 양성하고 훈련해 나가야 한다.

넷째는 해외 선교 전략이다. 중국 내 한인 교포를 통한 선교, 세계교회협의회의 협력과 북한 선교, 서구권 교포들의 북한 방문 선교, 에큐메니컬 선교와 북한 선교 등을 생각해 볼 수 있다.

앞에서 언급한 대로 나는 이제 교단의 법에 따라 은퇴를 한다. 그러나 이제는 세계의 유일한 분단 국가로 남아 있는 한반도의 통일과 북한 선교를 위해서 구체적인 미션을 시작하려고 한다.

코칭7 _ 한국 교회와 세계 선교의 속량 은혜 코칭

은퇴 이후에는 한국 교회를 위한 속량의 복음 코칭을 집중적으로 하려고 한다. 이를 위해서 우선 한국 교회를 차분히 진단해 보고자 한다. 70-80년대에 1200만 기독교인으로 부흥했던 한국 교회가 지금 침체된 이유가 무엇인지를 진지하게 성찰하고 진단부터 해보고자 한다. 특히 코로나19 이후에 한국 교회가 어떻게 회복할 수 있겠는지를 진단해 보고자 한다. 진단 후의 해결책은 성경으로 다시 돌아가면서 오직 은혜, 오직 믿음으로 하나님께 영광 돌리게 하고자 한다. 그 일을 위해서는 속량의 은혜 복음으로 치유와 회복을 경험토록 하고자 한다. 그래서 회개 즉 메타노이아, 생명 얻는 회개를 통해서 한국 교회가 다시 회복되게 하는 일에 진력하고자 한다.

뿐만 아니라 선교사들에게도 속량의 은혜 복음을 코칭하고자 한다. 이를 위해서 선교사들의 사역도 먼저 진단을 하고자 한다. 선교사들이 외국 선교지에서 어떤 사역을 하고 있으며 전하는 복음의 내용이 무엇인지를 정밀 진단해 보고자 한다. 그리고 서양의 복음적 선교사들이 한국에 와서 전한 복음이 십자가의 복음이고 속량의 복음이었음을 수많은 선교사들에게 잘 가르쳐 온 세상 사람들을 모두 그리스도인으로 만드는데 헌신하고자 한다.

에필로그
epilogue

 지금까지 목양교회를 섬길 수 있도록 기도해 주신 아내와 세 자녀와 두 목회자 사위와 뇌과학을 연구하는 며느리에게 깊은 감사를 표한다. 그리고 손자 손녀들의 할아버지를 향한 사랑과 응원에 감사하고, 그들도 믿음의 유업과 축복을 풍성히 받아 세계를 섬기는 하나님의 사람들로 성장해 가기를 축복하며 기도한다.

 그동안 목양교회 장로님과 모든 성도님의 사랑과 섬김, 그리고 기도에 깊이 감사드린다. 목양교회를 33년간 섬길 수 있었던 것은 전적인 하나님이 주신 속량의 은혜 복음과 속량 받은 성도들이 한 영 안에서 기쁨을 나누고 섬겨주시고 사랑해 주신 덕분이다. 의와 희락과 평강의 복을 누리게 되어 감사하고 기쁘다. 함께 목양교회를 개척하고 헌신하면서 동역했던 장로님과 권사님들, 그리고 집사님들 중에 먼저 하늘나라에 가신 분들이 계신다. 그분들에게도 지면을 빌어 깊은 감사를 올려 드린다. 그분들의 가족들에게 하나님의 크신 축복이 늘 함께하시길 기원한다.

돌이켜보면 많은 분의 사랑으로 여기까지 올 수 있었다. 특별히 부족한 종이 연탄가스로 거의 죽은 상태였을 때 기도해 주시고 그 이후에 교제와 기도와 사랑으로 섬겨 주시고 교회로 인도해주신 이인식 장로님(광주운암교회 시무 장로)께 깊이 감사드린다. 앞으로도 동역과 섬김을 같이 하면서 속량의 은혜 복음을 증거해 나갈 수 있도록 기도한다.

첫 목회자 자리에 올려주신 이용남 목사님(장석교회 원로)께 감사드리며, 신학교 입학과 목회에 큰 도움이 되어주신 김중헌 목사님(미국 LA)께 감사를 드린다. 특히 속량의 은혜 간증을 과대평가해 주시고 남다른 사랑을 베풀어 주신 나채운 교수님께 깊은 감사를 드린다. 어려울 때 부족한 종을 키워주신 화곡동교회(현재는 치유하는교회) 김학만 원로 목사님과 개봉교회 원로 오세철 목사님, 서울장신대학교 구약학 교수이신 김성규 교수님의 영적 인도에 깊이 감사드린다. 속량의 은혜 복음을 깨달은 이후에 황장옥 목사님은 내 신앙의 절대적인 멘토요 영적 안내자였다. 그리고 내 목회의 큰 스승이셨다. 이분들의 가르침과 지도로 목양교회 33년의 목회를 속량의 은혜 복음으로 잘 감당할 수 있었기에 감사할 뿐이다.

한 권의 책이 명작으로 만들어질 수 있도록 코칭 해주신 코칭 전문 작가 박성배 박사님(인천공항 한우리미션밸리 대표)께도 감사드린다. 이 책이 속량의 은혜 복음을 증거 하는 데 귀하게 사용되기를 바란다. 마지막으로 무엇보다 출간을 맡아 매의 눈으로 교정해 주시고 역작으로 만들어주신 킹덤북스(Kingdom Books) 대표 윤상문 목사님과 직원 여러분께도 감사드린다. 모든 영광을 하나님께 올려 드립니다.

2021년 6월

임 준 식